다리

뉴욕 브루클린 다리 전경, 1934년.

다리 The Bridge

하트 크레인 Hart Crane

손혜숙 옮김·해제

일러두기

- 이 책은 *Complete Poems of Hart Crane* (New York: Liveright, 1993)에 수록된 *The Bridge*를 번역한 것이다.
- 총 8장, 15편의 시로 구성된 『다리(*The Bridge*)』(1930)는 하트 크레인의 첫 번째이자 유일한 장시이다.
- 이 책에는 작품 전체에 대한 해설과 더불어 15편의 시에 각각 옮긴이가 마련한 '해설'이 달려 있다. '해설'은 각 시가 끝나는 자리에 '주해' 다음 배치됐다.
- 이 책의 외래어표기는 국립국어원의 외래어표기법에 근거하지 않았다. (타임스→타임즈, 앨런 포→앨런 포우, 클리블랜드→클리브랜드 등) 또한 타 언어를 영어로 쓴 표기를 살린다거나 (안트베르펜→앤트워프, 카이사르→시저 등) 주해(注解)에서 철자를 시인이 쓴 그대로 쓰기도 했다. (Khan→Chan, Genova→Genoa 등) 이는 시인이 활동했던 당대의 미국식 발음을 존중한 표기를 적용해 시인의 의도와 작품의 원형을 잘 전달하기 위함이다.
- 주해는 모두 옮긴이의 것이다.

차례

옮긴이 서언   7

서시: 브루클린 다리에게   11
I 아베마리아   17
II 포우하탄의 딸   29
    항구의 여명   31
    반 윙클   36
    강   43
    춤   56
    인디애나   66
III 커티 사크   73
IV 해터러스곶   83
V 세 편의 노래   103
    남십자성   105
    내셔널 윈터 가든   111
    버지니아   117
VI 퀘이커 힐   121
VII 터널   131
VIII 아틀란티스   147

작품 해설   159
하트 크레인 연보   169
옮긴이의 말   171

옮긴이 서언

서사시는 서사가 있는 시이다. 따라서 우리에게 익숙한 서정시와는 다른 독법을 요구한다. 보통 서정시는 자세한 세부보다는 암시나 함축을 통해 최소한의 단위로 세계를 구축한다. 그러나 서사시는 이와는 달리 서사, 즉 "주제와 연관되고 시간과 관련된 일련의 사건들의 상징적 재현"이 존재한다. 다시 말해 전체적 기획과 방향성, 명시적인 시간의 흐름, 구체적 정황, 상세한 맥락화가 가능한 공간이 서사시인 것이다. 물론 고전적 서사시에 기초한 이런 일반화가 현대의 서사시, 특히 하트 크레인(Hart Crane)의 『다리(The Bridge)』를 온전히 설명해주지는 못한다. 이는 현대 서사시가 고전적 서사시와는 달리 불연속적이고도 다성적인 구조를 지니고 있고, 역사·사회적 층위, 신화적 층위, 심리적 층위가 중첩되어 고도로 난해하고 복잡한 방식으로 전개되기 때문이다. 복수의 화자와 목소리, 다양한 시·공간의 병치, 의식과 무의식을 오가는 불규칙하고도 파편적인 전개 방식에서 더 이상 고전적 서사시의 기승전결 구조나 선명한 플롯과 인물을 기대할 수는 없다. 더구나 크레인처럼 작품 이해를 지연시키거나 교란시키거나 심지어 방해하는 수사를 구사하는 시인에게서 손쉽게 서사를 읽어내리라 기대하는 것은 차라리 만용에 가깝다.

    그러나 아무리 힘들어도 서사를 찾아가는 것은 여전히 서사시 이해의 필수적 과정이면서 서사시를 제대로 즐기는 방식이다. 이런 이유로 이 책은 시와 함께 해설을 제시하는 방식을 선택한다.『다리』의 열다섯 편의 시는 각각 '해설'을 달고 있는데, 이 '해설'은 퍼즐 조각을 맞추는 것처럼 시어들을 통해 유추할 수 있는 서사의 윤곽을 알려주어 독자가 시의 주제나 방향을 이해하도록 돕는다. 또한 시의 배경과 구체적 정황을 소개하고 작품의 전체 맥락 속에서의 의미도 설명해준다. '해설'과 함께 이 책은 충실한 '주해' 역시 제공한다. 한 시대와 세계를 재현하는 총체적 장르답게 크레인의 서사시는 미국뿐만 아니라 서구 세계 전반의 역사, 지리, 종교, 예술, 문학, 신화, 기술, 과학 등 다대한 분야의 지식과 정보를 망라한다. 따라서 독서 중 낯설고 어려운 단어, 구문, 표현을 만날 수밖에 없고, 이때 도움이 되도록 개별 시마다 '주해'를 마련했다. '주해'는 작품 이해를 위해 필요한 추가 해설까지 담고 있으므로 번거롭더라도 가급적 시와 함께 읽기를 추천한다. 책의 말미에는「하트 크레인과 현대 서사시」라는 제목으로『다리』의 전체 기획을 소개하고 있으며, 시인의 생애 연보도 수록하여 독자의 충실한 이해를 돕는다.

　서사시는 넓은 지시 대상과 다양한 의미의 층을 지닌 장르이다. 더구나『다리』는 고전적 시형식을 낭만적 비전 속에서 가장 현대적 스타일로 재창조한 복합적 작품이기에 그 다양하고 풍부한 내용을 온전히 이해하기 위해 시간과 노력을 들일 수밖에 없는 텍스트이다. 독자에게서처럼 번역자에게도 도전일 수밖에 없는 이 작품을 국내 최초로 번역·소개하면서, 이 책이 친절한 안내자가 되기를 바라는 마음과 함께 서사시에 관한 한 부지런한 독서가 더 깊고 온전한 향유로 이어진다는 사실 전해드리는 바이다.

다리

땅을 이리저리 오가고
여기저기 걸어 다닌 것으로부터.
―「욥기」[1]

브루클린 다리에게

수많은 새벽, 갈매기 날개가 적시고 돌려대는
잔물결 휴식에서 차갑게 깨어나
흔들리는 하얀 고리들 흩뿌리며
사슬로 묶인 리버티[2] 바다 위로 높이 솟아—

정리할 상징들이 담긴 페이지 위 가로질러
침범할 수 없는 곡선 그리며 얼마나 유령처럼
미끄러지듯 우리의 눈에서 떠나가는지—
엘리베이터가 우리를 한낮에서 떨어뜨릴 때까지···

나는 결코 드러나지 않는, 그러나 다시 서둘러
같은 화면 보는 다른 눈들에게 예고해주는
어떤 번득이는 장면을 많은 이들이 응시하는
영화를, 연속적 파노라마를 생각한다.

그리고 마치 태양이 그대[3] 뒤를 밟다가
그대가 아직 해보지 않던 어떤 동작을 남기듯
그대는 은빛 발걸음으로 항구를 가로지른다—
그대에게 무언의 자유가 깃든다!

지하철에서, 작은 방이나 다락에서 나와
잰걸음으로 미친 듯 그대 난간으로 달려가

거기서 잠시 몸 기울일 때 셔츠는 날카롭게
부풀어 오르고 말 없던 행렬에선 농담이 터진다.

월 스트리트 대형 강철 빔에서 거리를 향해
정오가, 아세틸렌4 하늘의 찢어진 이빨이 새어든다.
오후 내내 구름 날아가버린 기중기가 돈다⋯
그대의 케이블은 고요히 북대서양을 숨 쉰다.

그리고 유대인의 하늘처럼 알려지지 않은
그대의 보상⋯ 그대가 수여하는,
시간이 드러낼 수 없는 익명의 영예.
그대가 보여주는 생생한 유예와 용서.

오 격정과 하나 된 하프여5 제단이여,
(단순한 노력만으로 어찌 그대의 노래하는 줄을
조율하리오!) 선지자의 놀라운 약속의 시발점이요
추방자의 기도이자6 연인의 외침이여—

또다시 차량 불빛이 민첩하고도 부서지지 않는
그대의 언어와 티 없는 별들의 한숨을 스치며
그대의 길을 장식하고— 영원을 응축한다. 그리고
우리는 그대가 두 팔로 밤을 안아 올리는 걸 보았다.

나는 교각 옆 그대의 그늘 아래에서 기다렸다.
그대의 그림자는 어둠 속에서만 선명하다.
도시의 불타오르던 무리들 모두 사라지고,

이미 내리는 눈이 철의 한 해를 덮어버렸다···

오, 그대는 아래 흐르는 강물처럼 잠들지 않고
바다를, 꿈꾸는 대평원의 뗏장을 뛰어넘어
언젠가 가장 낮게 우리를 향해 하강하며
크게 굽어 돌며 곡선의 신화를 신에게 건네준다.

주해(註解)

1 『다리』 전체의 '제사(題詞)'는 구약성서의 「욥기(The Book of Job)」에서 인용되었다.
2 리버티(Liberty)는 여기에서 뉴욕만(New York Bay)을 의미한다. 뉴욕만의 윗부분(Upper New York Bay)을 보통 뉴욕 항구(New York Harbor)라고 하는데, 여기에 자유의 여신상(Statue of Liberty)으로 유명한 리버티섬(Liberty Island)이 위치한다. 미국은 1차세계대전 중 독일군의 잠수선 습격을 막기 위해 뉴욕항을 가로질러 사슬을 설치하였다.
3 "그대"는 여기에서 브루클린 다리(Brooklyn Bridge)를 지시한다.
4 아세틸렌(acetylene)은 금속의 절단이나 용접에 사용되는 독한 냄새의 가스이다.
5 하프(harp)는 여기에서 바람이 연주한다는 그리스 신화 속 에올리언 하프(Eolian harp)를 의미한다. 에올리언 하프는 미의 창조 과정의 자연발생적 성격을 드러낸다는 점에서 많은 낭만주의 시인들이 선호한 이미지였다. 코올리지(Samuel Taylor Coleridge)의 시, 「에올리언 하프(The Eolian Harp)」가 이를 보여주는 대표적 작품이다.
6 "추방자의 기도(Prayer of pariah)"는 괴테의 시, 「추방자의 기도(The Pariah's Prayer)」를 암시한다. 괴테의 시는 인도의 최하층민이 신에게 호소하는 내용을 담고 있다.

해설

『다리』는 시집 전체의 제사로 구약성서 「욥기」의 구절을 인용한다. 인용된 대목은 이리저리 여기저기 오가는 분주한 움직임을 묘사하며, 이 시집 전체가 다양한 시공간을 넘나드는 긴 탐색의 여정임을 암시한다.

서시 「브루클린 다리에게(To Brooklyn Bridge)」는 고전 서사시가 관례적으로 신에 대한 기원으로 시작하듯이 상징적 존재로서 브루클린 다리에 대한 기원을 담고 있다. 브루클린 다리는 세계 최초로 강철 케이블을 사용한 약 육천 피트 길이의 거대한 현수교이며, 1883년 개통 당시 세계에서 가장 긴 현수교였다. 크레인은 이 다리를 단순히 놀라운 철골 구조물로만 보지 않고 맨해튼과 브루클린을 연결하고, 뉴욕과 미대륙을 이어주며, 신화의 세계와 고도화된 산업사회를 결합하고, 궁극적으로 현실과 초월적 비전 사이를 매개하는 거대한 상징으로 사용한다.

이 시는 새벽이 물러나고 바다 위로 해가 뜨면서 도시가 깨어나는 모습으로 시작한다. 갈매기들이 동트는 바다 위를 날고 멀리 자유의 여신상이 보이는 뉴욕만의 풍경은 "엘리베이터가 우리를 한낮에서 떨어뜨리는" 도시의 삶으로 이어지고, 곧이어 "결코 드러나지 않는" 무언가를 기대하며 많은 이들이 "어떤 번득이는 장면"을 응시하는 영화관의 모습으로 연결된다. 뒤이은 4연에선 "은빛 발걸음으로 항구를 가로지르는" 브루클린 다리가 나타나며, 다리는 수동적인 영화관의 관객과는 달리 움직임과 활력을 지닌, "자유가 깃든" 유기체로 묘사된다.

그러나 이상적인 다리의 모습은 다시 "지하철에서, 작은 방이나 다락에서 나와" 미친 듯 다리 난간으로 달려가는 5연의 군중 모습으로 대체된다. 다리를 건너는 도시인들의 성급하고 혼란스러우며 시끄러운 움직임은 6연에서 "대형 강철 빔"과 "아세틸렌 하늘", "기중기"로 덮인 월 스트리트의 묘사로 이어진다. 세계 금융의 중심지에서는 하늘도 톱니처럼 "찢어진 이빨"을 가진 채 빌딩 사이 좁은 공간으로 "새어든다". 그러나 이렇듯 기계와 금융자본에 의해 왜곡된 도시 문명을 브루클린 다리는 "생생한 유예와 용서"로써 다시 살려낸다. 다리는 하프이자 제단이자 노래이며, 그 "부서지지 않는 언어"로써 선지자, 추방자, 연인에게 각각 "놀라운 약속의 시발점", "기도", "외침"이 되어 준다. 또한 "알려지지 않은 보상"과 "익명의 영예"를 안겨주면서 "두 팔로 밤을 안아 올리며" 어두운 이 세상을 구원한다.

10연은 "차량 불빛"이나 "불타오르던 무리들"이 사라지고, 내리는 눈이 "철의 한 해"를 덮어버린 겨울밤의 도시를 보여준다. "교각 옆" 그늘 아래 서 있는 시인은 여기에서 다시 한번 다리를 소환하며, 다리가 "잠들지 않고" "바다"와 "대평원의 뗏장"을 뛰어넘은 후 "가장 낮게" 하강하면서 "곡선의 신화"를 만들어 신에게 건네는 모습을 재현한다. 이 "곡선의 신화"는 1, 2연에서 갈매기의 비행이 만들어내는 "침범할 수 없는 곡선"과 연결되고, 수직과 사선의 케이블들이 하프 모양으로 유려한 곡선을 만들어내는 브루클린 다리 모양과도 연결된다. 시인은 이 "곡선의 신화"가 "우리를 향해" 가장 낮은 곳까지 내려와 차가운 현실에 구원의 비전이 되어주길 바라며 서시를 마무리한다.

I
아베마리아

먼 미래에 바다가 사물의 족쇄를 풀고
강력한 대지가 드러나면서
티피스가[1] 신세계를 발견하게 되면
가장 먼 곳에 있는 툴레는[2]
더 이상 육지의 한계가 되지 못할 것이다.
—세네카[3]

아베마리아

지금 나와 함께하소서, 루이스 데 산 안헬이여[4] ―
내가 전하는 말을 파도가 휩쓸어 빼앗기 전
증언해주시오, 오 그 미심쩍은 날 내 마구 고삐를
여왕의[5] 위대한 가슴으로 이끌어준 그대여.
나는 이제 현자도 광대의 위증의 숨결도
질문하거나 반박할 수 없는 것을 알고 있습니다―
조언을 통해 두려움과 탐욕을 물러나게 만든 후안 페레스,[6]
당신도 마찬가지 ― 나는 당신들에게 캐세이를[7] 가져옵니다!

콜럼버스는
홀로 스페인 쪽을
응시하며
그의 항해의
충실한 지지자
두 명의 존재를
떠올린다…[8]

이곳에선 반짝이는 황혼의 등딱지 위로 물결이 오릅니다.
바다의 보이지 않는 판막 ― 머리 타래, 힘줄들이
물마루를 이루다가 기어서 홈을 내고 통로 만들어
또다시 입 벌려 급강하하며 뛰어듭니다.[9]
붉은 태양 돛배가 서서히 우리 뒤로
다시 한번 빛을 떨구고… 그곳은 아침이 됩니다―
오 우리의 인디언 영토가 모두 드러나고 사라지는 곳에서
이 배의 용골이 즉시 보상받게 하소서!

제노바를[10] 생각해봅니다. 이젠 증명된 이 진실 때문에
나는 거리에서 쫓겨나고 그전보다 더 단호히
배척당했습니다― 달에 의지하다 동이 트자
흐린 경계 선명해지며 처음으로 보게 된

―칸의 위대한 대륙[11]···· 그러자 두려움이 아닌 믿음이
분별없이 내게 밀려오고···· 가까이 파도 소리 들으며―
경이를 숨 쉬며 망보다가― 최초로 빛이 내린 언덕 위에
최초의 야자수가 갈매기 무늬 드리우는 걸 나는 보았습니다.

그리고 몸을 낮추었고, 그들은 우리에게 다가와 외쳤습니다,
"위대한 흰 새들이여!"[12] (오 성모 마리아여, 이들 중
한 척의 배라도 안전하게 귀환시켜 주소서. 시간을 초월한
당신 가운의 파란 빛깔로[13] 우리를 안심시켜 주소서!)
그리고 달리는 배의 흰한 돛대 아래에서 우리는
더 많은 기록을 통에 담아 굴려 떨어뜨립니다. 그리고
나중에 폭풍우가 닥치면 더 많이 해야 할지도 모릅니다[14]···
여기 두 세계 사이에서, 또 다른 가혹한 세 번째

물의 세계가 그 말을 시험하기 때문입니다. 보십시오,
여기 당혹감과 반란으로 삼킬 듯 조소가 쌓이고
마치 무어인이 던진 언월도가 떨어지며
살점 이상의 것을 파고들듯
그림자가 가슴에서 잠을 베어냅니다.
그러나 폭풍우의 채찍과 범람 속에서
반쯤 들리는 가장 내밀한 어떤 흐느낌이
심연을 설득하고, 파도에 맞춘 가락 속에 바람을 합쳐,

검은 파도 위에 굶주려 커진 눈들이
하나로 모일 때까지 ― 보석의 망상 없이
총독의 손에서 속삭이는 진주처럼,

노래하는 불로 띠를 두르고 끝에 태양을 단
이 초승달 모양의 반지, 이 회전하는 온전한 구체를
무한히, 연속적으로 감싸줍니다. 오 페르난도여,[15]
저 동쪽 해안, 이 서쪽 바다를 차지하되
그대 하느님과 그대 동정녀의 자비는 양보해주소서!

─서둘러 풍요로움으로 향할 때 당신은 이사야가[16]
바람 부는 쪽으로 결핍을 헤아리는 걸 보게 될 겁니다!

·　　·　　·

풀 이파리, 소금기 어린 돌기 사이 흩어진 나뭇가지,
해안에 늘어진 젤리 잡초— 어쩌면 달 뜨는 내일
우리는 살테스 모래톱에[17] 도착할지도 모릅니다—
긴 전쟁에서 벗어난 땅, 팔로스로[18] 다시.
어디선가 삼종기도가 밧줄대를 둘러쌉니다.
앞쪽 어둑한 바다가 어둑한 뱃머리 흔들며 풀어줍니다.

·　　·　　·

죽음과 탄생의 항로를 가로지르는 바다처럼 멀리 떨어져
자신 위에 잠드는 오 그대여,[19] 죽음과 탄생 사이
소용돌이치는 모든 숨결은 지독한 사랑으로
인간에 대한 그대의 비유를 찾아내려 합니다—
심문자여! 사슬에 묶인 무덤과 에덴의 불가해한 말씀이
파랗게 타오르는 그대의 가파른 대평원으로 나아가
항해는 진실하다고 고독에게 일러줍니다.

노를 괴롭히고 돛대와 말다툼하며
선단의 대참사를 예정하는 오 그대여,
그대 최초의 응시 속에
완벽히 빛나는 갠지즈의[20] 주권이 헤엄칩니다—
그대는 테네리페[21] 석류석이 구름 속에서 태우는
돛대 끝 불꽃으로 인사 보내며—
밤새 칸에게로 가는 우리의 여정을 재촉합니다—
그대의 충만한 영역을 기리는 찬송가여!

시간이 탐구하는 모든 방위각 속
북쪽으로 매달아놓은 나침(羅針) 하나가—
추측하고 체념하며, 숨겨진 모래톱에서
믿음과 참된 약속을 불러냅니다.
그대의 밤은 달에서 토성까지 연결하여
하나의 사파이어 타륜(舵輪)을 만들고
한때 선회하던 그대의 발은 원형으로 깨어납니다.
신이여, 나는 여전히 그대 발소리를 듣습니다!

하얗게 애쓰며 하늘나라 보초들이 멀리 간 모든 배,
조용히 반짝이는 들판, 늘어져 파도치는 지식의 밀을
성스러운 고리 속으로 불러 모으고—
지금 두건 벗은 그대 이마를— 밝게 빛나는 왕관으로
둘러줍니다. 극지(極地)를 물려받고 부푼 돛으로 기울어
자오선들이 그대 목적 주위에서 빙글빙글 돌 때—
여전히 욕망 너머엔 해안 하나가 존재합니다!
바다의 초록 외침 높이 솟아 흔들리고, 그 너머엔

벌거벗은 채

　　전율하는 가슴속

　　　　왕국들이 —

　　하느님, 당신을 찬미하나이다

　　오 그대 불의 손이여

주해

1　티피스(Tiphys)는 그리스 신화의 황금 양털을 찾아 나선 아르고호 원정대의 영웅이다. 그는 아르고호를 조종하던 조타수로서, 뛰어난 조종술뿐만 아니라 태양과 별을 통해 폭풍우와 항해 시간을 측정하는 능력으로도 유명하였다.
2　툴레(Thule)는 고대 그리스와 로마 문학에 나타나는 지상에서 가장 북쪽에 위치한 장소를 일컬으며, "가장 먼 툴레(ultima Thule)"라는 표현은 알려진 세계 경계 너머에 위치한 어떤 먼 곳을 의미한다.
3　1장의 제사는 로마의 극작가 세네카(Seneca)의 희곡 『메데이아(Medea)』에서 인용하였다.
4　루이스 데 산 안헬(Luis de San Angel)은 스페인 왕실의 재무관으로서 콜럼버스의 탐험에 자금을 대도록 군주들을 설득하고 자신도 많은 돈을 제공하여 1492년의 항해를 가능하게 만든 인물이다. 콜럼버스는 첫 번째 탐험 후 신대륙 발견을 알리는 최초의 편지를 산 안헬에게 보냈다.
5　여왕(Queen)은 남편인 국왕 페르난도 2세와 함께 스페인을 통치했던 이사벨 여왕(Isabel I, 1451-1504)을 지칭한다. 이사벨 여왕은 콜럼버스의 재정적 후원자였다.
6　후안 페레스(Juan Perez)는 스페인의 수사로서 이사벨 여왕의 후원을 이끌어 콜럼버스의 신대륙 탐험을 도왔고 직접 콜럼버스와 함께 항해도 하였다.
7　캐세이(Cathay)는 중세 유럽에서 '중국'을 지칭하던 표현이다. 콜럼버스는 당대 베스트셀러였던 마르코 폴로(Marco Polo)의 『동방견문록(Il Milione)』을 읽고 지구가 둥그니까 서쪽으로 계속 항해하면 중국과 인도에 닿을 것이라 믿고 신대륙 탐험을 기획하였다. 콜럼버스는 신대륙을 발견했을 때, 자신이 캐

세이, 즉 아시아에 도착했다고 진심으로 믿었다.
8 『다리』에는 시의 본문과는 별도로 시인이 작성한 '여백 주석(marginal annotations)'이 간간이 지면 오른편에 등장한다. 여백 주석은 인쇄술이 발명되기 이전 고대나 중세 서양 필사본에서 여백을 활용하던 전통에서 기인한다. 여백 주석은 본문에서 미처 다루지 못한 내용을 추가하거나, 본문에 대한 요약이나 평가를 담거나, 숫제 본문과 상관없는 새로운 텍스트로 기능하기도 한다. 여백 주석은 서양에서 인쇄본이 나타나면서 사라졌다가 코울리지나 포우(Edgar Allan Poe) 같은 낭만주의자들에 의해 다시 발굴되어 사용되었다. 크레인은 낭만주의자들을 본받아 여백 주석을 통해 다른 시각과 표현으로 본문을 재기술하거나 새로운 의미를 추가하고 확장하여 다양한 텍스트의 울림을 만들어낸다.
9 2연의 첫 네 행은 바다에 이는 파도를 묘사한다.
10 제노바(Genoa)는 이탈리아의 항구 도시이자 콜럼버스의 고향이다.
11 칸(Chan)은 몽골 제국의 황제를 의미하며, "칸의 위대한 대륙"이란 표현은 콜럼버스가 아시아에 도착했다고 착각하고 있음을 보여준다.
12 "위대한 흰 새들이여!"는 1492년 10월 12일, 콜럼버스가 바하마 제도에 처음 발 디뎠을 때 원주민의 환호이다. 기록에 의하면 원주민들은 콜럼버스 일행을 따뜻하게 환대하며 그들이 하늘나라에서 왔는지를 물었다고 한다.
13 "당신 가운의 파란 빛깔"은 일차적으로 성모 마리아를 상징하는 파란색 가운을 뜻하며, 이차적으로는 파란 바다나 하늘을 의미한다. 중세와 르네상스 시대 유럽에서는 파란색 염료를 청금석(靑金石)에서 채취하였는데, 청금석은 아프가니스탄에서 수입하는 희귀 재료라서 금보다 더 비싸게 거래되었다. 따라서 파란색은 영광과 헌신을 뜻하게 되었고, 서기 500년경 비잔틴 제국에서 파란색이 황후의 색깔로 공식화된 이후로 성모 마리아를 상징하는 색깔로 받아들여지게 되었다.
14 콜럼버스는 항해 시 폭풍이 몰려올 때를 대비하여 군주에게 자신의 탐험을 보고하는 편지를 두 통씩 작성한 후, 방수한 통에 밀랍으로 봉인하여 한 통은 배 밖으로 던지고 다른 하나는 선미에 묶어놓았다고 한다. 이는 기록을 손상되지 않게 유지하면서 배가 침몰할 경우 나중에 건져 올리거나 아니면 해안으로 떠내려가 누군가에 의해 발견될 수 있도록 조처한 것이다.
15 페르난도(Fernando II, 1452-1516)는 콜럼버스를 후원한 이사벨 여왕의 남편이자 스페인 국왕인 페르난도 2세를 지칭한다.

16 이사야(Isaiah)는 기원전 8세기 유다 왕국에 살았던 예언자로서 구약성서 「이사야서」의 저자로 알려져 있다. 이사야는 인간이 자신의 힘을 과신하는 것에 대한 하나님의 불의 심판이 있을 것이라 예언했다. 그는 또한 메시아에 의한 용서와 평화를 예언하면서 신에 대한 절대적 믿음을 강조했다.

17 살테스(Saltes)는 스페인 안달루시아 지방 우엘바강 하구에 있는 작은 섬 이름이다. 이곳은 1381년 스페인과 포르투갈 사이 해전(Batalla de la Isla Saltés)이 일어난 곳으로도 유명하다.

18 팔로스(Palos)는 살테스섬이 있는 우엘바강 하구에 위치한 항구이다. 팔로스는 콜럼버스가 1492년 세 척의 배를 이끌고 최초로 신대륙 탐험을 떠났던 곳으로서 그에게는 각별한 의미를 지니는 장소이다.

19 "자신 위에 잠드는 오 그대여"라는 표현은 낭만주의 시인 존 키츠(John Keats)가 「잠과 시(Sleep and Poetry)」에서 위대한 시적 창조물이 "자신의 오른팔 위에 반쯤 잠들었다(half slumbering on its own right arm)"라고 묘사한 대목에 영향받았다.

20 갠지즈(Ganges)는 인도 북부를 흐르는 긴 강이다. 힌두교도들은 갠지즈를 인간의 죄를 씻어주고 질병을 고쳐주는, 세상에서 가장 신성스러운 강이라고 믿는다.

21 테네리페(Teneriffe)는 스페인령 카나리아 제도의 가장 큰 섬이다. 콜럼버스는 테네리페섬 근처에서 코로나 방전으로 인해 돛대 끝에 빛나는 불처럼 플라스마가 형성되는 현상을 목격하였고, 그 현상을 항해일지에 "신의 손길"로 기록하였다.

해설

 이 시의 제사로 사용된 세네카의 희곡 『메데이아』의 코러스 대사는 『다리』의 마지막 시 「아틀란티스」에서도 등장하는 아르고호 이야기를 배경으로 한다. 황금 양털을 찾기 위한 아르고호의 원정은 인류 최초의 항해이자 바다의 신조차 놀랄 정도로 경이로운 모험이었다. 아르고호의 조타수 티피스가 신세계를 발견하게 되면 바다로 인해 나뉘었던 대륙들이 하나가 될 것이라는 제사의 내용은 콜럼버스 항해를 암시할 뿐만 아니라 과거와 현재, 비전과 현실을 이으려는 『다리』 전체의 기획과도 연결된다.
 크레인은 「아베마리아(Ave Maria)」를 쓰기 전 콜럼버스의 기록물을 읽고 구체적인 역사적 사실에 입각해 이 시를 썼다. 「아베마리아」에는 "칸의 위대한 대륙"인 "캐세이"를 발견했다고 확신하며 유럽으로 귀환 중인 1493년의 콜럼버스가 화자로 등장한다. 시는 크게 그의 이야기와 기도로 나뉘며, 원정에 도움을 준 사람들에게 신대륙 발견과 그 여정을 이야기하는 부분과 하나님과 동정녀 마리아에게 바치는 기도와 찬송으로 구성된다.
 콜럼버스는 1연에서 자신이 어떤 "현자도 광대의 위증의 숨결도" 질문하거나 반박할 수 없는 진실, 즉 "캐세이"를 발견했음을 말한다. 신대륙 발견을 추진하다가 사람들에게 배척당하고 제노바에서도 쫓겨났지만 그는 결국 탐험에 성공하여 동이 틀 때 "최초로 빛이 내린 언덕 위에 최초의 야자수가 갈매기 무늬 드리우는" 감격스러운 광경을 보게 된다. 그의 일행을 "위대한 흰 새들"로 환영하는 원주민들까지 만나고 나서 돌아오는 길에 그는 "가혹한 세 번째 물의 세계"를 만나게 되는데, 이는 콜럼버스가 1493년 2월 14일부터 최악의 폭풍우를 만나 선원들이 반란을 일으킬 정도까지 공포에 사로잡혀 72시간 동안 잠도 자지 못하고 사투를 벌였던 경험을 일컫는다. 끔찍한 "폭풍우의 채찍과 범람"을 뚫고 나가게 도와준 것은 성모 마리아에 대한 신앙인데, 콜럼버스는 "시간을 초월한" "파란 빛깔"의 성모 마리아에게 무사 귀환을 간구하면서 "반쯤 들리는 가장 내밀한 어떤 흐느낌"을 들으며 폭풍우 속에서 살아남는다. 그는 성모 마리아가 "이 회전하는 온전한 구체"를 "무한히, 연속적으로" 감싸고 있음을 깨닫게 되며, 이러한 자각 대신 "보석의 망상"으로 신대륙을 지배하려는 페르난도 왕에게 탐욕이 영적 결핍으로 이어질 것을 예언자 이사야처럼 경고하기도 한다.

「아베마리아」의 후반부는 전지전능한 신에 대한 기도와 찬양이 주가 되는데, 파괴와 구원을 함께 주재하는 신은 "사슬에 묶인 무덤과 에덴의 불가해한 말씀"으로 표현된다. 신은 "항해는 진실하다"고 일러주면서도 "선단의 대참사"를 예정하고, "돛대 끝 불꽃으로 인사 보내며" "칸에게로 가는" 여정을 밤새 재촉하기도 한다. 콜럼버스는 이렇게 두려우면서도 인간을 보호해주는 신에게 찬송을 바치며, "시간이 탐구하는 모든 방위각" 속에 신의 현존을 발견한다. 그는 깨어난 신의 발소리를 듣고, 캄캄한 밤에도 "달에서 토성까지" 이어진 "하나의 사파이어 타륜" 속에서 신의 섭리를 본다. 이제 "하늘나라 보초들", 즉 별과 행성들이 그 "성스러운 고리" 속에 모든 배들과 들판, 지식의 밀을 모아 신의 이마에 "밝게 빛나는 왕관"을 둘러주며, 이 우주적인 대관식에 "극지를 물려받고 부푼 돛으로 기운" 자오선들 역시 동참하여 신의 목적 주위에서 빙글빙글 춤춘다. 그러나 신의 현현은 영원히 지속되는 것이 아니라 끝없는 추구 속에 계속 새롭게 발견해야 하는 것이기에 콜럼버스는 "욕망 너머" 존재하는 또 다른 "해안"과 "왕국들"을 바라보며 다시 하느님을 찾는다. 그는 테네리페섬을 지날 때 돛대 끝에서 불처럼 보이는 플라스마 현상을 목격하면서 하느님의 손길을 확신하였던 것처럼 나머지 여정에도 신의 손길이 함께하기를 기원하면서 "오 그대 불의 손이여"라는 영탄으로 긴 독백을 마무리한다.

II
포우하탄의 딸

"포카혼타스는 외모가 수려하나 방탕한 소녀로서···11살이나 12살 정도인데, 소년들과 어울려 시장을 돌아다니고, 그들 손에서 놀아난 뒤 따라다니다 버림받으면 자기 혼자 나체로 요새 주변을 돌아다닌다."[1]

항구의[2] 여명

잠 속으로 끈질기게 ― 음성들이 밀려와―　　　　　400년
한창 꿈속에서 듣고 있는 당신과 만난다.　　　　　이상[3] … 혹은
길고도 피곤한 소리, 안개에 싸인 소음,　　　　　그때
흰 가운으로 감싼 종소리, 가려진 울부짖음,　　　소리 없는 잠의
멀리서 울리는 안개 경적… 베일에 흩어진 암호들.　해안으로부터였나

그리고 어떤 갑판의 윈치 엔진이[4] 고동치며
트럭 한 대가 우르르 부두를 지나간다.
혹은 술 취한 하역 인부의 외침과 쿵 소리가
흐릿한 눈발 사이 골목 위로 메아리친다.

때때로 그들이 당신 잠을 빼앗긴 해도 당신에게
다시 돌려준다. 소리의 부드러운 소맷자락이
어둑한 항구, 베개에 기댄 만(灣)에 깃든다.
저 밖 어딘가 텅 빈 곳에서 증기는

증기 속으로 흘러들고 떠돌다 씻겨 나가며
― 예리한 파이프 소리에 당황해 회오리치다가
멀리서 울리는 부표 사이로 ― 떠내려간다. 하늘은

시원한 깃털 주름 되어 이 흔들리는 잠을
정지시키고 정화시킨다 …· 천천히 ―

아주 오랫동안 창문과 반쯤 씌워진 의자는
창백한 공기 덮개 외에는 아무것도 요구하지 않는다.

그리고 내 곁의 당신은 사이렌이[5] 노래 불러주며　　　당신의 사랑으로
우리를 은밀히 한낮으로 엮어나갈 때—　　　　　　　당신을 불러들여
낮이 되어 눈 뜨기 전 축복의 기분으로　　　　　　　깨어나는 꿈속에서
이제 평온히 웅얼거리며 시원한 두 팔로 나를 감싼다.　　당신 씨앗과
　　　　　　　　　　　　　　　　　　　　　　　　　하나 되니

흰 눈이 무수한 손으로 떼 지어 유리창을 덮고 있다—

　　내 손 안의 당신 손은 행위.
　　당신 목덜미 위 나의 혀— 가까이서
　　노래하는 두 팔. 크고도 의심 없이
　　　　　짙은 두 눈이
　　　　　　　여명을 마신다—
　　당신 머리칼 속에서 숲이 전율한다!
　　　　　　　　　　　　　　　　　　—누구와 함께?

창문이 천천히 금빛으로 변한다. 서리처럼 맑아진다.
맨해튼 바다 건너 키클롭스 타워에서[6]— 두 개— 세 개
창들이 환하게 눈 떠 반짝이며 태양을 평평히 만들어
차가운 갈매기와 함께 이리로 높이 띄워 보낸다.

안개가 마지막 순간에 문턱에 기댄다.　　　　　　　여명 속에
마치 어떤 먼 언덕에서 우리에게 합류하듯—　　　　우리와 함께 있던
꿈의 미슬토 아래[7] 별 하나 있어—　　　　　　　　그 여인은 누구? …
깨어나는 서녘으로 몸 돌려 잠자러 간다.　　　　　　우리 발이 딛고 지나간
　　　　　　　　　　　　　　　　　　　　　　　　그 살은 누구의 것?

주해

1 2장 제사는 윌리엄 스트레이키(William Strachey, 1572-1621)가 『영국령 버지니아로의 여행 기록(The Historie of Travaile into Virginia Britannia)』 5장에서 포카혼타스(Pocahontas, 1596-1617)에 대해 묘사한 부분을 인용한 것이다. 포카혼타스는 미국 버지니아주 타이드워터 지역에 거주하는 인디언 부족의 대표, 포우하탄(Powhatan) 추장의 딸이었다. 그녀는 1613년, 식민지 개척자들에게 포로로 붙잡혀 기독교로 개종한 뒤 1614년, 담배 농장주인 존 롤프(John Rolphe)와 결혼하였다. 그녀는 1616년, 남편과 함께 런던을 방문하여 '문명화된 야만인'의 본보기로 소개되었으며, 그 이듬해 미국으로 돌아가기 전 사망했다. 그녀의 이야기는 오랫동안 낭만적 상상을 자극하였고, 문학과 예술, 영화의 소재가 되어왔다. 제사로 인용된 대목은 식민지 개척 시기 인디언 여성에 대한 백인 남성의 성적, 인종적 편견을 드러낸다.
2 "항구"는 여기에서 뉴욕 항구를 지칭한다.
3 "400년 이상"이란 표현은 콜럼버스가 신대륙에 도착한 시점으로부터 현재 400년 이상이 지났음을 의미한다.
4 윈치 엔진(winch engine)은 로프나 케이블을 당기거나 감아 빼거나 조정할 때 사용하는 기계장치이다.
5 사이렌(sirens)은 구급차나 비상용 차량에 사용되는 소리를 의미하면서 동시에 바다에서 노래로 사람들을 유혹하여 넋을 빼앗는 그리스 신화 속 여성 캐릭터를 뜻한다.
6 키클롭스 타워(Cyclopean towers)는 버지니아주 솔론산에 있는 거대한 암석 기둥들의 이름인데, 여기에서는 맨해튼의 마천루를 의미한다. 크레인은 키클롭스가 그리스 신화의 외눈박이 거인의 이름이라는 점을 이용해서 맨해튼 마천루에 햇빛이 반사되는 모습을 키클롭스의 눈에 비유한다.
7 "미슬토 아래"라는 표현은 크리스마스의 대표적 식물인 미슬토(mistletoe) 장식 아래에서 키스하는 관습에서 유래하였다.

해설

『다리』의 2장은 크레인이 "시집의 중심이자 전제"라고 일컬은 것처럼 역사와 신화, 개인의 삶이 교차되며 본격적인 서사가 전개되는 부분이다. 미시시피강을 따라 초시간적 바다로 향하는 「강」이나 인디언의 신화 세계에서 비전을 획득하는 「춤」 등은 2장뿐만 아니라 시집 전체 서사에 있어 핵심적 역할과 기능을 담당하기 때문이다.

 2장의 제목인 "포우하탄의 딸(Powhatan's Daughter)"은 실제로 포우하탄 추장의 딸이었던 포카혼타스를 지칭한다. 2장의 제사는 스트레이키의 역사적 기록에 근거하고 있는데, "나체로 요새 주변을 돌아다닌" "방탕한 소녀"였던 포카혼타스는 크레인의 시적 상상력을 통해 아름답고도 순결한 여성, 미국적 신화의 원형으로 변신한다. 2장 다섯 편의 시는 그 변신의 내용을 다루고 있으며, 「항구의 여명(The Harbor Dawn)」은 그 첫 번째 시도이다.

 「항구의 여명」은 여러모로 서시 「브루클린 다리에게」를 떠오르게 한다. 그러나 뉴욕이라는 동일 배경과 이른 아침 갈매기나 태양 같은 동일 소재를 다루고 있음에도 불구하고 「항구의 여명」은 안개에 싸이고 눈으로 덮인 새벽에 꿈과 함께 나타났다 사라지는 포카혼타스의 비전을 보여준다는 점에서 차이가 있다. 이 시의 전반부는 청각적 이미지가 두드러지는데, 화자를 깨우는 다양한 항구의 소리들이 바로 그것이다. 소리 중에는 "흰 가운으로 감싼 종소리"처럼 종교적 분위기를 자아내는 것도 있지만 대부분은 안개 경적과 윈치 엔진, 요란한 트럭, "술 취한 하역 인부의 외침"같이 시끄럽고 거친 현실의 소음들이며, 이들은 매일 아침 가차 없이 인간의 의식을 침범하는 기계와 도시 문명을 상징한다.

    1, 2연에서 잠시 깨어났던 화자는 3연 들어 다시 잠들게 되는데, 그는 이 달콤한 선잠 속에서 "당신"과 함께 신화 속 "사이렌"의 노래를 듣는 환상에 빠진다. 그는 "눈 뜨기 전 축복의 기분" 속에서 그녀와 손을 포개고 그녀의 목덜미에 입을 맞춘다. 옆에서 웅얼거리며 그를 감싸는 그녀는 "노래하는" 두 팔과 "여명을 마시는" 두 눈, "숲이 전율하는" 머리칼을 지닌 존재이다. 자연의 이미지로 묘사된 이 여성은 뒤에 나오는 시「춤」에서 미국의 대지와 풍경을 상징하는 포카혼타스로 명명된다. 그녀의 "크고도 의심 없이 짙은 두 눈"은 외눈박이 거인 키클롭스처럼 빛을 반사하는 하되 보지 못하는 마천루 창문들과 대조를 이룬다.

    이제 아침이 오고 안개는 걷히며 꿈은 사라져 마침내 화자는 눈을 뜨고 환한 태양 아래 뉴욕 맨해튼을 마주한다. 그리고 그는 사랑을 암시하는 "꿈의 미슬토 아래"에서 사라져가는 "별 하나"를 응시하고, 그 비전을 좇는 여정이 뒤따르는 시들 속에 이어지리라는 암시와 함께 시가 마무리된다.

반 윙클[1]

권총 잿빛 쇄석(碎石) 도로가 다랑어 허리띠처럼
파 로커웨이에서 골든 게이트로[2] 날아가네.
들어봐! 손풍금 돌리면 머나먼 길이 울리고—
한 마일 한 마일 금빛 아르페지오로 풀려나지.

예전에 당신이 급히 학교 갈 때
—훨씬 전 지금과 같은 시간에—[3]
당신은 필사책 속 피사로와[4] 함께 걸었고
코르테스는[5] 팽팽히 고삐 당겨 말 탔었지—
커피가 취향 붙들 듯 단단히— 그러곤 사라졌어!

프리실라[6] 뺨 가까이 바람이 일었고
수염투성이 스미스 선장은[7] 확신에 넘쳤지.
그런데 립 반 윙클은 인사하며—"여기가
슬리피 할로우인가요,[8] 친구?" 그러고서 그는—

그러고서 립은 근무시간을 잊었지
        그리고 급여를 잊었지.
      반 윙클은 애비뉴 A[9]
          저 아래 집 청소하지—

손잡이 오르간은 말하지… 기억하세요

거리들이
상점과 공장을 지나
펼쳐진다—
햇살과
그녀의 미소를
담뿍 머금고…

기억처럼
그녀는 시간에
태만한 이,
당신을
손잡아 이끄는…

기억하세요, 우리는 뒷마당 끝 잿더미 아래
어린 가터뱀 무리에게 돌 던졌어…
그리고 날개 하나 달린 비행기 띄웠지—
종이 날개와 고무줄로 꼬아 만든…
떠올리세요— 떠올리세요

        당신이 수염뿌리라 확신하며
날마다 막대기로 햇빛 향해 살짝 들어 올릴 때
잿더미 아래에서 훨훨 나르던
그 민첩한 혀들— 당신이 찌르면
불처럼 깔끔하게 되받아 번득였지.

그리고 립은 천천히 깨달았어
    반 윙클, 그가 이곳에도
저곳에도 없다는 것을. 그는 깨어나 브로드웨이와
줄지어 핀 오월 캐츠킬[10] *국화 보았다 맹세했지—*

그래서 기억은 상자에 갇힌 리듬을 꺼내거나
유리 뚫고 이리저리 꽃향기 흩뿌리는데—
그것은 어느 봄날 아버지가 날 데려갔던
라일락 나무에서 벗겨낸 채찍인가
아니면 교회에서 오는 길 어머니가
거의 한 번, 기억건대 딱 한 번 내게 보낸
안식일의 무의식적 미소인가— ?

그것은 흰 눈 장막 뚫고 깜빡거렸고

보이지 않게 문간에 그녀를 버린 채
내가 창가에서 떠나기도 전에 사라졌지.
그것은 복도에서 키스하고선 돌아오지 않았어.

권총 잿빛 쇄석 도로가 다랗어 허리띠처럼
파 로커웨이에서 골든 게이트로 날아가네‥‥
차 바꿔 타려면 그 5센트 잘 쥐고 있어, 립—
"타임즈"는[11] 구했나?
그리고 서둘러, 반 윙클— 늦는다니까!

주해

1 반 윙클(Van Winkle)은 어빙(Washington Irving, 1783-1859)의 대표 단편소설 「립 반 윙클(Rip Van Winkle)」의 주인공 이름이다.
2 파 로커웨이(Far Rockaway)는 뉴욕시 퀸즈 자치구 로커웨이 반도 동쪽에 위치하며 남쪽으로 대서양과 면하고 있다. 골든 게이트(Golden Gate)는 캘리포니아주 샌프란시스코를 대표하는 다리로서, 샌프란시스코만과 태평양의 접점에 위치하며 1937년 완공 당시 세계에서 가장 길고도 높은 현수교였다. 크레인은 여기에서 "파 로커웨이에서 골든 게이트"까지 거대한 미국 대륙을 상상하고 있다.
3 소설 「립 반 윙클」에는 반 윙클이 이십 년 동안 지속된 잠에서 깨어난 후 마을로 돌아와 학교를 비롯한 여러 장소를 방문하면서 그동안 일어난 변화에 어리둥절해하는 모습이 그려진다. 여기에서 크레인은 소설 속 사건과 자신의 어린 시절 기억을 뒤섞어놓는다.
4 피사로(Francisco Pizarro, 1478-1541)는 스페인의 탐험가이자 잉카 문명 정복자이다.
5 코르테스(Hernán Cortés, 1485-1547)는 스페인의 탐험가로서 멕시코의 아즈텍 제국을 정복하여 식민지로 만들었으며, 이는 최초로 스페인이 아메리카를 식민화시킨 사건이었다. 코르테스는 피사로와 육촌지간이었다.

6 프리실라(Priscilla)는 초기 기독교 공동체에서 굳건한 믿음과 헌신으로 유명했던 여성이었다. 그녀는 최초의 여성 설교자이자 선교사였으며 사도 바울의 친구이자 동역자였다.

7 스미스 선장(Edward John Smith, 1850-1912)은 영국의 해군 장교로서 오랜 항해 경력으로 여객선 타이타닉호의 선장으로 임명되었으며, 1912년 타이타닉호가 첫 항해 중 침몰할 때 사망하였다.

8 슬리피 할로우(Sleepy Hollow)는 어빙의 또 다른 단편소설 「슬리피 할로우의 전설(The Legend of Sleepy Hollow)」의 배경이다. 「립 반 윙클」과 「슬리피 할로우의 전설」은 미국 최초의 단편소설집인 『스케치북(The Sketch Book of Geoffrey Crayon, Gent.)』에 함께 수록되었다.

9 애비뉴 A(Avenue A)는 뉴욕 맨해튼을 남북으로 가로지르는 도로로서 하우스튼 거리(Houston Street)와 14번가를 잇는다.

10 캐츠킬(Catskill)은 미국 뉴욕주 남동부에 위치한 산맥이다.

11 타임즈(Times)는 미국에서 흔히 『뉴욕 타임즈(The New York Times)』를 지칭한다. 1851년 창간된, 미국을 대표하는 신문 중 하나이다.

해설

「반 윙클(Van Winkle)」은 독자와 반 윙클, 시인 자신을 포괄하는 청자 "당신"에게 화자가 건네는 이런저런 이야기로 구성되어 있다. 크레인은 1927년 편지에서 이 시에 자신의 어린 시절과 자신이 배웠던 역사 속 신대륙 정복자들, 프리실라, 스미스 선장 같은 인물들을 고스란히 담았다고 밝힌다. 그만큼 이 시에는 크레인의 자전적 요소가 많은데, 시인이 어린 시절 친구들과 함께 만들었던 종이비행기나 가터뱀 무리에 관한 기억들이 그 예이다. 특히 "잿더미 아래"에서 훨훨 나르다가 "불처럼 깔끔하게 되받아 번득이는" 뱀들에 대한 회상은 상당히 구체적이고 시각적인데, 이 강렬한 이미지는 개인적 의미를 보편화시키는 서사시의 기제로 인해 잿더미의 현대 세계를 뚫고 나타나는 영적 광휘나 불의 정화와 같은 상징적 의미를 띠게 된다.

　이 시의 또 다른 중요한 회상은 시인의 부모에 관한 것이다. "라일락 나무에서 벗겨낸 채찍"으로 체벌했던 아버지와 "딱 한 번"의 "무의식적 미소"만 보여준 냉정한 어머니에 대한 기억이 그것인데, 이를 두고 크레인 비평가나 전기 작가들은 시인이 평생 부모의 사랑, 특히 어머니의 사랑에 목말라했었음을 보여주는 대목이라고 지적한다. 서사시 전통에는 '잃어버린 아버지'의 모티브가 자주 등장하는데, 크레인의 경우는 아버지보다 어머니가 더 중요하며, 이런 면에서 2장 "포우하탄의 딸"을 '잃어버린 어머니'를 대신할 신화적 여성 포카혼타스를 찾아가는 여정으로 해석해도 무리가 없을 것이다.

이 시에는 제목이 말해주듯 반 윙클이라는 인물이 등장한다. 반 윙클은 미국문학의 아버지 워싱턴 어빙의 단편 소설 「립 반 윙클」의 주인공으로서, 아내의 잔소리를 피해 캐츠킬 산맥으로 들어갔다가 긴 잠에 빠져 20년 만에 마을로 돌아오는 인물이다. 이 시에서 반 윙클은 소설 속 인물이면서 앞선 시 「항구의 여명」의 화자를 반영한다. 「항구의 여명」에서 화자가 자다 깨다를 반복하다가 결국 잠에서 깨어나는 것처럼 반 윙클 역시 오랜 잠에서 깨어나 자신이 "이곳에도 저곳에도 없다는 것을" 깨닫는다. 「항구의 여명」의 화자가 사라진 여인에 대한 비전을 떠올리는 것처럼 반 윙클도 "줄지어 핀 오월 캐츠킬 국화"라는 목가적 비전을 잊지 못한다.

어빙의 소설 속 반 윙클은 20년 후 마을로 돌아와 새로운 상황에 무난히 적응하여 마을의 장로이자 역사적 증인으로서 존경받지만 크레인의 반 윙클은 원작의 인물과는 달리 냉혹한 자본주의 현실에 적응하지 못한다. 반 윙클은 "근무시간"과 "급여"를 잊어버리고 기계적 시간과 정확한 책임을 요구하는 노동시장에서 도태된다. 크레인은 반 윙클을 일부러 20세기 초 뉴욕 한복판에 위치시킴으로써 대도시 현대 문명이 시대착오적 부적응자의 혼란과 분열을 가속화시키고 있음을 보여준다. 또한 4연과 7연에서 '립 반 윙클'이란 이름을 일부러 행을 달리하여 분리시킴으로써 반 윙클이 처한 정체성 상실의 위기를 강조한다.

이 시는 근무시간에 늦어 허둥대는 반 윙클에게 "타임즈는 구했나?"라고 묻는 화자의 질문으로 마무리된다. "타임즈"에 대한 언급은 시인이 개인적 회상을 넘어 한 시대의 재현을 염두에 두고 있음을 드러내며, 첫 연과 마지막 연에 반복되는 "파 로 커웨이"와 "골든 게이트" 역시 시인이 그리려는 대상이 대서양에서 태평양에 이르는 거대한 미국 대륙이라는 것을 보여준다. 비록 시인의 비전은 "흰 눈 장막 뚫고 깜빡거리다가" 사라져버리지만, 그 비전을 찾아가는 과정은 넓은 시공간에 걸친 야심찬 여정이 되리라는 이 시의 암시는 이어지는 「강」과 그 이후의 시들을 통해 구체화된다.

강

형제여 — 여기저기 — 서부로 향하는 — 젊은이여
간판에 당신의 특허 받은 이름 붙이세요
틴텍스[1] — 재퍼랙[2] — 서튼티드[3] 작업복 광고와   ···그러곤
어머나! 보증된 귀퉁이 찢긴 새 연극 공연 전단   그해의
아래 — 버트 윌리엄스의[4] 뭘 보라고요?   소음과
음유시인들이 닭 훔칠 때 내게 날개 좀 남겨줘요   구호를
이리호 철도가 아니면 마즈다 주변 몇 마일도   지나 —
못 갈 것이고[5] — 토머스 에디포드에[6] 깃드는
전신(電信)의 밤도 없을 거예요.

기적 소리 내며 선로 따라 돌진하는 헤드라이트 —
당신은 상상할 수 있을까요 — 급행열차가 시간을
과학과 상업과 성령(聖靈)으로 변화시키는 동안[7]
라디오는 모든 집에서 으르렁대고
귀들을 연결하는 바위나 전선이나 심지어
흐르는 시내 없이 더 이상의 설교도 없이
우리는 북극 월스트리트와[8] 동정녀 탄생 맞이하고
숨 막히게 번쩍이는 창문들은 으르렁대는 것을 —
당신 마음대로 말이죠··· 그렇지요?[9]

        그렇게 20세기는 — 그렇게
리미티드는[10] 윙 날아가고 — 세 명의 남자 곁에서

II 포우하탄의 딸 — 강

으르렁대다 떠나버렸다. 선로 위에 계속 굶주린 채
후미등이 시들해져 한 점에 모이는 걸 끈질기게 지켜보다
그들은 작은 구멍으로 교묘히 빠져나가 사라져버렸다.

· · · · · · ·

계곡에 걸친 전선 아래에서 성큼 뛰던
다코타의[11] 마지막 곰은 물 마시다 총에 맞았다.
고도로 정밀하게 조율된 민감한 악기는
도시와 도시를 꿈과 똑딱똑딱 꿈을 이어준다.   주소가
그러나 몇몇 이들은 천천히 술 마시고—   결코
어떤 묵주나 단서를 고백하진 않더라도—   가깝지 않은
먼 시냇물의 한 해로써 강의 일 분을 헤아린다.   사람들에게
경적, 전선과 증기의 세계 아래
그들은 화물열차 끝 객차처럼 반추하며
오하이오, 인디애나를 지나— 눈먼 수화물로—
샤이엔··· 혹은 캘러머주행[12] 꼬리표를 붙인다.

시간이 부서지고 시간이 뒤섞이는 것을
그들은 불과 눈의 최후 청산이라 해석한다.
그들은 막힘없는 바람의 원소적 본질처럼
이상하게 방만해져 나의 켄터키 옛집, 케이시 존스,
어느 화창한 날을[13] 낯세 부른다.
나는 도로 인부들이 그리 노래하는 걸 들었다.
그리고 나중에 망아지 눈을 가진 이가 말하길
"이럴 수가! 오, 수박의 날[14] 기억나!" 그러고선

신나서 금세 떠올리길 "— 샐리 심프슨 고모가[15]
웃을 때", 그는 질질 끌며 말했다.
"그건 오래전 루이지애나였을 거야."
"그치만 여보게, 분빌[16] 만한 곳은 없어,
이른 송어 낚시에는 말이야." 조끼 끝 말린 보풀 자르며
어떤 이가 말했다. 그러곤 통조림 안을 자세히 보다가
"— 하지만 난 계속 따라갔어." 그는 홀린 듯
망연히 생각에 잠겨 불 밟아 끄고는
치켜 깎은 메마른 수염 펼치며 씩 웃었다‥‥

                          나는
아버지의 통조림 공장 뒤에서
도망치거나 아내 없이 화물과 철도 제국 황야
영원히 뒤지고 다니는 뜨내기 노동자들—
방랑자 농담하며 돌아다니는 불법 철도 거주자들,
그 태곳적 사람들을 쳐다보곤 했었다.[17] 그들 각각은
어느 기한 없는 연극처럼 아동기에 머물러
느슨한 횃대에 앉아 있는 나 같은 어린애로 보였다.
존, 제이크 혹은 찰리는 느린 수화물 건너뛰어
—멤피스에서 탤러해시까지[18]— 무임승차하는,
눈먼 무(無)의 주먹 쥔, 재기 불가능한 바보들.

그러나 그들은 아마 열쇠 같은 걸 만질지 모른다.
언덕을, 주(州)를 가로질러 극에서부터 극까지
— 그들은 넓게 내리는 비 아래 하나의 몸을 안다.   그러나 그녀를 만진
피오르드 눈을 가진 젊은이들, 경마장 은어 쓰는   사람은

버림받은 늙은이들은— 은빛 눈 덮이거나　　　　　이름 없이도
옻나무에 물들거나 푸른 연기에 싸인 그녀 가슴이—　그녀를 안다
남쪽 혹은 서쪽 계곡의 잠든 이들 건너에 있다는 걸
알고, 광대함에 점 찍으며 그녀를 가로질러 숨어든다.
— 소문 이는 한밤중 밟고 지나면서도

가녀린 등잔 불꽃 주위 지나면서도
(오, 그녀의 맨몸으로 나를 이끈 밤들이여!)
나는 그녀 이름[19] 제본한 인쇄물 너머를 꿈꾸었다.
긴 눈보라 울려대는 기차들— 나는
멀리까지 통곡하는 소리가 그녀 것임을 알았다.
인디언 아기들은 긴 바람 갈기 위에서 울어대고
머리에서 달아난 붉은 살 왕조들을[20] 큰 소리로 불러댔다.
죽은 메아리들! 그러나 나는 거기서 그녀의 몸을 알아챘다.
시간은 그녀의 어깨 따라 뱀처럼 어둡게 내려가고
공간은 독수리 날개로 그녀 머릿결에 내려앉았다.

철의 산으로 지붕 두른 오자크스[21] 아래
오래된 비의 신들이 연못 속에 숨어 있다.
거기선 눈 없는 물고기가 가라앉은 샘 뛰어올라　　　그녀 아버지의
성내는 까마귀에게서 옥수수 가로채 다시 내려온다.[22]　신화
그런 도둑질은 그들에게 영원한 먹거리 마련해주고　　없이도···
철, 철이 쪼개버린 목새 때문에 맘 상했던
그들의 비위를 맞춰준다— 언제나 철이 일으키는 균열!
그들은 이제 도끼와 화약 뿔 아래 졸고 있다.

풀만[23] 아침 식당차가 번쩍이는 강철로
터널에서 들판으로 미끄러져 — 철이 이슬을 넘고 —
언덕을 성큼 활보하여 바퀴 위에서 바퀴 춤추네요.
시스키유에서[24] 삼십 분 기다리거나
한밤 자고 다음 열차 타세요.
남쪽으로 카이로[25] 근처 지날 때 — 오하이오강이
합류하여 — 테네시강으로 이어지는 것 볼 수 있어요 —
그리고 만약 여름이고 해가 저물 때라면
마치 당신에게 멤피스 조니, 증기선 빌, 미주리 조[26]
알려주기 위해 물이 숨쉬기라도 하듯
미풍이 강의 사향 냄새 띄울지도 몰라요.
아, 만약 기차 속도가 느려지면 창문에 기대
마치 태곳적 광대와 손을 맞닿은 것처럼
잠시 멍하니 아래 바라보고 — 그들이 떠나갈 때
그들과 함께 깊은 강을[27] 흥얼거리세요.

그래요, 다시 돌아 한 번 더 냄새 맡아봐요 — 보세요,
오 보안관, 제동수, 그리고 주 정부여 —
당신들 역시 영원히 강으로 흘러들기에
바지 끌어 올리며 담배 한 입 또 깨무세요. 그리고
대부분 사람들은 자신의 운명을 충분히 헤아리고 싶어 해요.
그들은 항상 겉에 보이는 것을 무시무시하게 웃어넘기죠.
나는 그가 천국의 문에서 농담했다 해도 믿을 거예요 —
댄 미드랜드는[28] — 차가운 브레이크 빔에서 튕겨 나갔어요.

아래로, 아래로 — 시간의 멸시 속에 태어난 개척자들,

태곳적 흐름의 지류를 더럽힌다. 그들은
변덕스런 고난 때문에 변경에 도달하진 못한 채
요르단강 이마에서처럼 고요 속에 표류한다.

그것은 바다처럼 소리내진 않는다. 돌조차도
중력 때문에 더 조용해지지 않는다… 그러나
천천히, 더 많은 찬사 받기 싫다는 듯 — 납작 엎으려
미끄러진다. 마치 오래전 두 눈을 묻어버린 사람처럼.

강물이 펼쳐져 흐르며 — 당신의 꿈을 떠나보낸다.
이 조수(潮水) 없는 주문(呪文) 속 길 잃은 당신은 누군가?
당신은 당신 아버지의 아버지요, 흐름이요 —
떠다니는 검둥이들[29] 부풀게 하는 액체 테마이다.

습기 찬 선박 화물과 충적토(沖積土)의 낮 행진 —
흙탕물 밤은 침적토(沈積土) 스며든 혈암(頁巖)과
빙퇴석 점토에 깊이 내맡긴 뿌리로 왕성해져
미시시피는 가장 먼 골짜기를 들이마신다.

오, 돌을 떠내는 열정이여, 다시 물러가는 햇빛이여!
현무암 표면은 늘어나는 힘으로 황토 빛깔의
스라소니 모래톱 두른 밀림의 우아함을 끌어당긴다.
인내하라! 그러면 기다린 곳에 도착하리라!

화물선 바닥들이 데 소토[30] 뼈 위를 건너
세 왕좌의 도시[31] 옆을 엔진 소리 내며 지나간다.

미시시피는 두 번 더 돌며 흘러 내려가 쏟아내고는
(곧 소금기 서린 개펄에서 키 큰 철갑선 나타난다)

자신 안으로 흐르며 자유롭게 자신을 쌓아간다.
모든 건 희미해져 얇고 둥근 스카이라인 하나만…
앞에 찌르듯 바다가 열리며 끌어안는다.
강은 자신을 기다란 침상에서 들어 올린다.

자신의 꿈 위에 온전히 균형 잡고 역사로 고통받는
겨자색 달아오름, 그 의지 하나가— 흐른다!
— 숨죽인 채로 천천히 너른 혀 속에 열정이 퍼져
아래에서 고요히 만(灣)을[32] 만나 호산나 찬양한다.

주해
1   틴텍스(Tintex)는 염색 회사 이름이자 가정용 염색제 상표이다.
2   재퍼랙(Japalac)은 글리든사(Glidden Company)가 제작한 니스와 에나멜 상표이다.
3   서튼티드(Certain-teed)는 건축자재 제조업체인 서튼티드 회사의 상표이다. 크레인은 여기에서 1920년대 미국에서 흔히 볼 수 있는 광고나 선전용 문구들을 열거한다.
4   버트 윌리엄스(Bert Williams, 1874-1922)는 미국 보드빌 시대 가장 인기 있던 흑인 코미디언 중 한 명이다. 윌리엄스는 이 시가 쓰이기 4년 전 사망했기에 "찢긴 새 연극 공연 전단 아래"라는 표현이 나온다. 1920년대 흑인은 상투적으로 닭 도둑으로 묘사되었으며, 이는 6행에 나오는 닭 훔치는 음유시인 이미지와 연결된다.
5   "이리호 철도가 아니면 마즈다 주변 몇 마일도 못 갈 것이고(if it isn't Erie it ain't for miles around a Mazda)"는 "이스트먼(최초의 롤필름 카메라 개발자

이자 코닥 회사 창립자)이 아니면 코닥 카메라가 아닙니다(If it isn't an East-man, it isn't a Ciné-Kodak)"라는 1926년 미국 코닥 회사 광고 문구의 패러디이다. 크레인은 코닥 광고를 이리호 철도(the Erie Railroad)와 에디슨 마즈다 전등(Edison Mazda Lamps)을 연상하도록 변형하였다. 이리호 철도는 크레인이 어렸을 때 살았던 오하이오주 워런(Warren)을 경유했다.

6   토머스 에디포드(Thomas Ediford)는 미국의 발명가 토머스 에디슨(Thomas Edison, 1847-1931)과 자동차 산업의 거물 헨리 포드(Henry Ford, 1863-1947)의 합성어이다. 포드는 에디슨이 디트로이트에서 운영하던 전구 회사의 수석 엔지니어로 근무하기도 했었다. 에디슨은 새로운 4중 전신기를 발명했기에 "전신의 밤(telegraphic night)"이란 표현이 뒤따른다.

7   크레인은 여기에서 기독교의 성부와 성자, 성령의 삼위일체를 과학과 상업, 성령으로 대체한다.

8   북극 월스트리트(THE NORTHPOLE WALLSTREET)는 1926년과 1927년, 미국의 뜨거운 대중적 관심이었던 북극 비행을 암시한다.

9   15행에서 19행까지는 셰익스피어의 『당신 마음대로(As You Like It)』 2막 1장에서의 시니어 공작(Duke Senior) 대사의 패러디이다. 시니어 공작은 형제로부터 배신당해 권력을 잃고 아든 숲으로 피신한 후 자연 속에서 위로를 찾는 자조적 대사를 읊조린다.

> 그리고 사람들 소굴에서 벗어난 우리의 이 삶은
> 나무 속에서 언어를, 흐르는 시내에서 책을,
> 바위 속에서 설교를, 모든 것에서 선을 발견하지. (1.15-17)

10   리미티드(the Limited)는 20세기 리미티드(20th Century Limited)를 지칭하며, 이는 1902년부터 1967년까지 뉴욕 중앙 철도(New York Central Railroad)에서 운영한 고속 열차 이름이다.

11   다코타(Dakotas)는 미국 중북부에 위치한 두 개의 다코타주(South Dakota, North Dakota)를 일컫는다.

12   샤이엔(Cheyenne)은 미국 와이오밍주의 주도이고, 캘러머주(Kalamazoo)는 미국 미시간주 남서쪽에 위치한 대도시이다.

13   「나의 켄터키 옛집(My Old Kentucky Home)」은 포스터(Stephen Foster)가 1853년 작사·작곡한 노래로 켄터키주의 주가(州歌)이다. 「케이시 존스(Casey Jones)」는 열차 충돌로 순직한 기관사 케이시 존스를 기리는 노래로 1909년 발표된 후 1차세계대전까지 수십 가지 버전이 나올 만큼 많은 사랑을 받은

대중가요이다. 1922년 발표된 「어느 화창한 날(Some Sunny Day)」역시 매리언 해리스(Marion Harris)부터 빙 크로즈비(Bing Crosby)까지 여러 가수가 녹음했던 인기 가요이다.

14 수박의 날(Watermelon Day)은 미국 조지아주에서 열리는 가장 오래된 여름 축제이다.

15 샐리 심프슨 고모(Aunt Sally Simpson)는 1926년 여름에 크레인을 돌봐준 실존 인물이다.

16 분빌(Booneville)은 미시시피주의 도시이며, 크레인 당대에는 네 개의 철도 (Norfolk-Southern, Kansas City Southern, Mississippi and Tennessee, Redmont Railway) 교차 지점으로 유명했다.

17 크레인의 아버지는 오하이오주 워런에서 단풍 시럽 통조림 공장을 운영했으며, 크레인은 이곳에서 4살부터 9살까지 거주하였다. 크레인은 이 대목에서 아버지 공장 뒤에서 보았던 뜨내기 노동자나 불법 거주자들을 회상한다.

18 멤피스(Memphis)는 미국 테네시주에서 가장 큰 도시이고, 탤러해시(Tallahassee)는 미국 플로리다주의 주도이다.

19 그녀 이름(her name)은 여기에서 포카혼타스나 포우하탄의 딸을 의미한다.

20 붉은 살 왕조들(redskin dynasties)은 미국 중서부 지역에 거주하던 인디언 부족들을 지칭한다.

21 오자크스(Ozarks)는 오자크 산맥(Ozark Mountains), 오자크 하이랜드(Ozark Highlands), 또는 오자크 고원(Ozark Plateau)이라고도 하는데, 미국 미주리주, 아칸소주, 오클라호마주, 캔자스주에 걸쳐 있는 광대한 고지대를 일컫는다.

22 크레인은 여기에서 산속 깊은 곳에 사는 "오래된 비의 신들(old gods of the rain)"이 "눈 없는 물고기(eyeless fish)"와 "성내는 까마귀(querulous crows)"가 마련한 옥수수를 먹고산다는 고대 인디언 신화를 인용한다.

23 풀만(Pullman)은 1867년부터 1968년까지 풀만 회사에서 운영하던 호화 철도로, 침대차나 식당차 등 고급 서비스를 제공하는 것으로 유명했다.

24 시스키유(Siskiyou)는 캘리포니아주와 오레곤주 접경에 위치하며, 1851년 캘리포니아 골드러시(Gold Rush) 때문에 인구가 많이 몰렸던 곳이다. 이곳은 1880년대 센트럴 퍼시픽 철도(Central Pacific Railroad)가 건설되면서 관광지로도 유명해졌다.

25 카이로(Cairo)는 일리노이주 남부에 위치한 도시로 오하이오강과 미시시피

강이 합류하는 곳이다. 테네시강은 오하이오강의 가장 큰 지류이다.
26 「증기선 빌(Steamboat Bill)」은 1910년 발표된 레이튼 브라더스(Leighton Brothers)의 노래이다. 미시시피강에서 운행하는 증기선을 노래한 흥겨운 음악이며, 미국 최초로 레코딩을 통해 대중적 인기를 얻은 가요이기도 하다. 「미주리 조(Missouri Joe)」는 1911년 발표된 소피 터커(Sophie Tucker)의 코믹한 노래이며, 「멤피스 조니(Memphis Johnny)」는 크레인이 미시시피강이 흐르는 테네시주의 멤피스를 생각하면서 상상해본 노래 제목이다.
27 「깊은 강(Deep River)」은 19세기부터 사랑받아 온 흑인 영가인데, 1916년 헨리 벌리(Henry Burleigh)의 편곡으로 더 큰 대중적 인기를 얻었다.
28 댄 미드랜드(Dan Midland)는 철로에서 죽었다고 알려진 전설적인 부랑자다.
29 떠다니는 검둥이들(floating niggers)은 익사한 노예들을 암시한다.
30 데 소토(De Soto)는 미시시피강을 탐험한 최초의 유럽인인 에르난도 데 소토(Hernando De Soto, 1497-1542)를 일컬으며, 그가 죽은 후 미시시피강에 가라앉았다는 전설이 내려온다.
31 "세 왕좌의 도시(the City storied of three thrones)"는 뉴올리언스(New Orleans)를 지칭하는데, 이는 뉴올리언스가 스페인, 프랑스, 영국의 지배를 받았기 때문이다. 뉴올리언스는 미시시피강 하류 델타 지역에 위치해 있기에 초승달 도시라고도 불린다.
32 멕시코만(Gulf of Mexico)을 지칭한다.

해설

「강(The River)」은 온갖 상업 광고와 선전물이 범람하고 동정녀 탄생과 월스트리트가 동급으로 취급되는 현대 세계의 묘사로 시작한다. 시대정신을 대변하는 급행열차는 "기적 소리 내며 선로 따라 돌진"하여 시간을 "과학과 상업과 성령"으로 변질시킨다. 크레인은 셰익스피어의 『당신 마음대로』에서의 목가적 자연 예찬을 패러디하면서 "바위"나 "흐르는 시내"가 더 이상 "설교"를 들려주지 않고 어떤 비전이나 신의 현현도 기대할 수 없는 20세기의 상황을 보여준다.

3연에서 시인은 리미티드 급행열차가 "윙 날아가고" 난 후 선로 위에서 굶주린 채 "후미등이 시들해져 한 점에 모이는 걸" 지켜보는 사람들을 보여준다. 이들은 "눈먼 수화물"이라 불리는 무임승차자로서, "경적, 전선과 증기의 세계 아래" "화물열차 끝 객차처럼 반추하며" 이리저리 미대륙을 떠도는 존재들이다. 마찬가지로 5연의 "도로 인부들" 역시 사회 하층민으로서 특별한 능력이나 의지나 사회적 욕망 없이 이곳저곳 돌아다니며 뜨내기로 사는 사람들이다. 시인은 그들을 잘 알고 있는데, 이는 유년 시절 "아버지의 통조림 공장 뒤에서" "뜨내기 노동자들"과 "불법 철도 거주자들"을 지켜본 경험이 있기 때문이다. 시인은 그들이 자신처럼 아동기에 머물러 있는 "어린애"라고 말하며 그들에 대한 공감과 연민을 표현한다. 시인은 또한 그들이 아이 같은 순수함으로 포카혼타스의 존재, 즉 "그녀의 몸"을 알아차리며, "그녀 가슴"이 어디에 있는지 알고서 "그녀를 가로질러 숨어든다"고 말한다. "그녀의 몸"을 알아차리는 것은 시인도 마찬가지인데, 그는 "붉은 살 왕조들"을 부르는 "인디언 아기들"의 울음을 들으며 그녀의 어깨 따라 시간이 "뱀처럼 어둡게 내려가고" 공간이 "독수리 날개로 그녀 머릿결에 내려앉는" 모습을 본다. 포카혼타스의 비전은 시인이나 소외된 존재들을 통해 이렇게 그 명맥을 이어간다.

10연부터 급행열차는 "터널에서 들판으로" 나와 "이슬을 넘고" "언덕을 성큼 활보"하기 시작한다. 또한 승객들은 기차 속도가 느려질 때 창문에 기대 "마치 태곳적 광대와 손을 맞닿은 것처럼" 잠시 멍하니 아래 바라보며 "깊은 강"을 흥얼거려보라고 권유받는다. "깊은 강" 노래 이후 강이 기차를 대체하며, 이 흑인 영가가 죽음 이후 천국에 대한 희망을 노래하는 것처럼 현실에서 신화로, 시간에서 초월적 세계로의 자연스러운 변화가 일어난다. 이와 함께 무정형 연 구조가 12연부터 규칙적 4행 연구로 바뀌는 형식적 변화도 나타난다.

이 시에서 강은 일리노이주 카이로에서부터 멕시코만으로 흐르는 미시시피강을 의미한다. "충적토", "침적토", "빙퇴석 점토"를 실어 나르는 미시시피강은 밤낮으로 쉬지 않고 흐르지만 "바다처럼 소리 내진 않고", 물에 빠져 죽은 이들조차 "고요 속에 표류"할 정도로 침묵 속에 도도히 흘러간다. 강의 "태곳적 흐름"은 시간의 불가역성과 죽음의 불가피함을 알려주는데, "시간의 멸시 속에 태어난 개척자들"이 죽음을 상징하는 "요르단 강 이마"에서 표류하는 모습이나, 익사하여 "떠다니는 검둥이들"이 부풀어 오른 채 강과 함께 흘러가는 모습이 그 예이다. 강은 여기에서 더 나아가 시간을 벗어나고 죽음을 넘어서는 방식 역시 제시하는데, "자신 안으로 흐르며 자유롭게 자신을 쌓아가는" 강이 마침내 바다에 도달하여 변화하는 모습이 그것이다. 바다와 만난 후 강은 "자신을 기다란 침상에서 들어 올려" "자신의 꿈 위에 온전히 균형 잡는" 하나의 "의지"로 변한다. 크레인은 1927년 7월 4일 자 편지에서 「강」이 뒤따르는 시 「춤」의 신화적 세계로 독자를 자연스럽게 이끌도록 의도했다고 적는다. 그의 의도대로 "호산나 찬양"하며 강과 멕시코만이 만나는 이 시의 마지막 행은 현실에서 신화의 세계로 진입하면서 뒤따르는 시 「춤」을 예비하고, 『다리』 전체의 진행 방향을 선명하게 가시화한다.

춤

민첩한 붉은 살, 겨울의 왕—
누가 하늘에서 내려와 얼음 여자를 호위했나?
그녀는 봄 내내 근처 협곡들을 달렸다.
그녀의 두 팔 돋아나 옥수수와 함께 자라다— 죽었다.

그리고 가을 가뭄 속 누구의 광택 이는 손이
망각된 기도가 메사[1] 모래 되어 흐르는 그 돌을
광물적 신중함으로 발견했는가?
그는 해 질 녘 희미해지는 영원한 왕좌를 붙든다.

우리는 신화적 이마들이 혼란스럽고 내키진 않지만
불가피하게 더 짙은 녹음 속으로 물러가는 걸 보았다.
그들은 화살의 맹세로 인사하며 서둘러 우리 곁을 지나
이젠 번복할 수 없는 많은 세월 너머에 존재한다…

나뭇잎 침상과 부서진 유희가 있었다.
당신, 신부 포카혼타스는 베일을 쓰고 있었다—
오 공주여, 그대의 갈색 무릎은 순결한 오월,
신부의 옆구리의 눈은 황갈새 자존을 품고 있었다.

나는 마을을 떠나 말채나무로 향했다.
방앗간 수로 아래로 카누 끌면서, 당신 머리카락이

그리고 나서 당신은
진정으로 그녀를
볼 것이다—
당신의 피는
그녀의 비밀을
처음으로
범했을 때와,
그녀의 친족,
그녀의 추장 연인,
강과 언덕에 깃든
추장의 그림자를
처음 마주했던 때를
기억할 것이다…

선명한 초승달로 흐르고 푸른 저녁 나방이
첫 날갯짓으로 은밀히 날아가는 것 보았다.

물은 어찌나 서로 감겨 계속 웃어대는지!
나는 송어가 달에게 속삭이는 걸 이해하게 되었다.
얼마나 오래 떠다녔는지 모르지만, 쳐다보니
순식간에 어린 초승달이 지는 것이 보였다—

그리고 그 자리에 대신 별 하나가 빙 돌며
산길 낙엽송 속에 혼자 오목히 들어갔다가—
마침내 피 흘리며 영원히 여명 속으로 사라졌다.
물가 풀들에 닿자 난 매끈한 배를 떠났다…

나는 수로를 잇는 육로에 올랐고, 더 먼 계곡의
오두막을 택했다. 나는 멈출 수 없었다.
발에선 위에서 흘러내린 물이 망을 이뤄 뿜고
제일 윗부분에선 하얀 베일이 솟아올랐다.

오 애팔래치아의[2] 봄이여! 나는 광맥에 다다랐다.
동쪽으로 굽어지고 북쪽으론 보랏빛 쐐기꼴의
애디론댁으로[3] 이어진, 가파르고도 범접할 수 없는
미소여!— 하늘색 가지들로 다발 만들어

나는 얼마나 많은 절벽, 호수, 시내 위를 달렸던가!—
그러곤 어떤 예시적 그늘 속에서 나 자신을 알게 되었다—
푸른 앞 언덕엔 회색 인디언 천막들이 장식술처럼 솟아났고

노란 밤나무 습지를 뚫고 연기가 소용돌이치고 있었다···

먼 구름 하나, 천둥의 싹 하나— 자라나
하늘의 담요 되었고, 나는 거기서 가만가만 걷는
발걸음을— 들었다. 마침내 그 리듬 가까이 다가와—
심장의 뜨거운 뿌리로부터 검은 웅덩이를 빨아들였다!

터빈⁴ 꼭대기를 폭풍우가 때려댄다.
당신 등에 걸친 독수리 깃털을 급습한다.
매코케타여,⁵ 맞이함을 알라. 최선의 죽음을 알라.
— 인디언 추장이여, 낙엽송처럼 어김없이 떨어져라!

자작나무가 무릎 꿇는다. 피리 소리 나는 손가락들
모두 날아간다. 잎새들 부딪치며 참나무 숲이
원을 돈다. 춤의 긴 신음이 하늘로 울린다.
매코케타여, 춤춰라. 포카혼타스가 애곡(哀哭)한다···

그리고 당신의 칼날 머릿결에 삼각으로 내리꽂힌
번개 경련이 모든 힘줄을 휘몰아간다. 이제
모든 이빨 속에 부싯돌이 번쩍이고, 빨간 송곳니와
벌어진 혀가 드문드문 푸른 공기 헐떡인다···

매코케타여, 춤춰라! 그전에 살던 뱀이
껍질 벗고 그 너머를 산다! 뿔이여, 돋아라!
이빨이여, 번득여라! 주술사여, 측은히 여겨 부활시켜라—
우리를 홀려 부족의 아침으로 춤추며 되돌아가게 하라!

창과 군사들의 집결, 밀고 나가는 검은 북들—
오 부르짖는 흉벽— 나 역시 맥박 이는 뼈
하나하나 쓰다듬는 무지개에게 충성을 바쳤다.
상황을 넘어 춤추며 포위 공격에서 벗어났다!

독수리 장식 머리에 두르고 기둥에 묶여 울부짖었다.
나는 옆구리에 박힌 화살들 뺄 수 없었다. 불길에 싸여
더 많은 호위대가 깨어 일어나는 것 보았다— 깜빡이며
언덕 사타구니가 조수처럼 내달려 빠져나가는 걸 보았다.

나는 용암이 말없이 당신 팔과 겨루는 것 들었고
까마귀 목 주위 수사슴 이빨에서 거품 이는 것 들었다.
하늘나라 화염 폭포가 떼 지어 펄펄 끓으며
일몰의 해자(垓子)까지 당신의 발목 먹어치웠다.

오, 다리 떨구고 햇빛 속에 변색하며
시간 자체인 순결한 뱀과 자신의 운명의 달을
비웃는 성난 정오의 도마뱀처럼
나는 그대의 변화가 시작되는 걸 보았다!

그리고 그대가 하나의 하얀 유성처럼 가라앉아
그 운명에 입 맞추는 것을, 최초와 최후의 신들이
그대의 천막 지키는 그곳에서 더할 나위 없이 신성하게
자유롭고 완전한 모든 것과 마침내 하나 되는 걸 보았다.

보라, 번개 근육의 그대는 야위어 벼락 신은 채
그대의 사람들이 분노하며 죽은 야영지를
무한 계절 가로질러 응시하며— 옥수수 속에서
얼마나 불멸의 신부를 찾고 있는지!

토템, 그리고 화상(火傷)으로 잠자는 피라미드[6]—
이제 다른 역법(曆法)들이 하늘을 쌓는다 해도
왕자여, 그대의 자유는 그녀가 준 아낌없는 선물이자,
그대가 제일 잘 아는, 그녀를 찾기 위한 길에 숨어 있다.

저 높이 래브라도에서[7] 태양은 그녀의 말 없는
백설의 꿈 위로 자유롭게 내리쬔다. 그녀는
다시 요동치며 급류가 되고 노래하는 나무가 된다.
그리고 그녀는 마지막 남자에게까지 숫처녀이다···

서부로, 서부로, 그리고 남부로! 컴벌런드[8] 지나는 바람
대초원 가로지르는 바람 속에 다시 그녀 머릿결이
따스하게 쉭쉭댄다. 그녀 가슴에 바람 살살 일어나
오 비탈과 포도밭 옆으로 흐르며— 꽃이 피어난다!

그리고 순록이 소금 훑으러 비스듬히 내려갈 때
화살들이 목말라 날아오르나? 귀 기울이는 황혼의
둥근 천장 속, 별빛에 이끌린 민첩한 사슴뿔 빛나고 있나?
그리고 그녀의 완벽한 이마가 그대를 향하나?

오 용감한 자여, 우리는 춤췄고, 그들 농장 너머로 춤췄다.
코발트빛 사막 울타리 안에서 우리는 맹세했다⋯
이제 그대의 팔에 강력한 기도가 안겨 있다.
나뭇가지에 독수리와 뱀이 함께 안겨 있다.

주해

1 메사(mesa)는 꼭대기가 평평하고 주위가 벼랑인 암반 지형을 일컫는다.
2 애팔래치아(Appalachian Mountains)는 캐나다 뉴펀들랜드 지역에서 시작해 미국 동부를 관통하여 남부 앨러배마주까지 뻗어 있는 거대한 산맥이다. 애팔래치아라는 이름은 콜럼버스 당대 유럽인들이 북아메리카 대륙에 있다고 믿었던 황금의 땅 '아팔라체'에서 유래했다.
3 애디론댁(Adirondack Mountains)은 뉴욕주 북동부에 위치한 산맥이다.
4 터빈(turbine)은 증기나 가스와 같은 압축성 유체 흐름을 이용하여 에너지를 얻는 회전 기계 장치이다.
5 매코케타(Maquokeeta)는 크레인이 창조한 가상의 인디언 추장이다. 매코케타는 '곰의 강'이란 뜻의 인디언 말이며, 미국 아이오와주 북동부에는 실제로 매코케타강이 존재한다. 크레인은 이 시에서 매코케타의 죽음을 제의적으로 다루면서 그가 화살에 맞거나 불에 타거나 번개에 맞는 장면들을 통해 인디언의 몰락을 형상화한다.
6 토템(totem)은 부족이나 공동체의 상징으로 숭배하는 자연물이나 동물을 일컫는다. 여기에서는 특별히 부족이나 공동체의 주요 사건이나 역사, 전설, 신앙 등을 다양한 디자인으로 새겨놓은 북미 원주민의 토템 기둥을 의미한다. 피라미드 역시 토템 기둥처럼 수직적 구조물인데, 일설에 의하면 내리쬐는 햇살 모양을 모방했기에 많은 피라미드가 태양과 연관된 이름을 가지게 되었다고 한다. 여기에서 "화상"이라는 표현은 크레인이 피라미드와 태양의 연관성을 믿었다는 것을 보여준다. 크레인은 "다른 역법들"인 토템과 피라미드를 통해 문명은 달라도 고대 이집트와 미국 인디언들이 동일한 영적 세계를 지니고 있었음을 암시한다.

7   래브라도(Labrador)는 대서양 연안 북아메리카 대륙의 최북단에 위치하며, 6월까지 눈이 내리는 추운 지역이다.
8   컴벌런드(Cumberland)는 미국 메릴랜드주의 도시로 포토맥강과 오하이오강을 연결하는 컴벌런드 도로(Cumberland Road)의 출발점이기도 하다. 미국 동부에서 일리노이주로 이어지는 이 도로는 1811년부터 1827년까지 건설되어 19세기에만도 수천만 개척자들이 서부로 이동하는 주된 경로가 되었다.

해설

「춤(The Dance)」은 크레인이 추구하는 비전의 성격과 그 전개 과정을 잘 보여주는 시이다. 이 시는 "포우하탄의 딸"이라는 2장의 제목에 걸맞게 포카혼타스와 인디언 세계의 비전을 극적 배경 변화와 함께 그리고 있다.

    시의 첫 두 연은 의문문으로 시작된다. 수수께끼 같은 질문들은 시인이 살아가는 현대와 신화적 시대 사이의 시간적, 심리적 거리를 드러내는데, 봄을 단순히 계절적 변화로 바라보는 현대의 시각과 "겨울의 왕"이 하늘에서 내려와 "얼음 여자"를 호위하는 것으로 해석하는 신화적 인식 사이에는 크나큰 차이가 존재하기 때문이다. 1연과 2연의 "민첩한 붉은 살"과 "광택이는 손"은 미국 인디언 원주민을 지시하는데, 이들의 세계에서는 야생말들이 협곡을 달리는 것이나 식물들이 돋아나고 자라다 죽는 모든 과정이 대지의 여신의 순환적 행위로 해석된다. 이들은 현대를 사는 "우리"와 많은 차이와 간격을 보여주기에 결국 이들의 "신화적 이마들"은 "혼란스럽고 내키진 않지만 불가피하게" "더 짙은 녹음 속으로" 물러가고 "번복할 수 없는 많은 세월 너머"로 사라져버린다.

    시인은 5연 이후 자신이 "방앗간 수로 아래"에서 배를 타던 때나 육로에 올라 "더 먼 계곡의 오두막"을 향하던 때를 회상한다. 그는 인디언들이 그러했던 것처럼 "선명한 초승달"에서 포카혼타스의 머리카락을 보고, "송어가 달에게 속삭이는 것"을 이해하며, 애팔래치아 산맥에서 "가파르고도 범접할 수 없는 미소"를 발견한다. "많은 절벽, 호수, 시내 위를 달리던" 시인은 드디어 "어떤 예시적 그늘 속에서" 신화적 비전을 경험하게 된다. 이제 그의 앞에는 "회색 인디언 천막들"과 소용돌이치는 연기가 솟아오르며, 그는 하늘의 "발걸음"을 듣고 그 리듬이 다가와 "심장의 뜨거운 뿌리로부터 검은 웅덩이를 빨아들이는" 체험을 한다.

12연부터 시인은 숲속 인디언들의 춤에 본격적으로 합류한다. "자작나무가 무릎 꿇고" "잎새들 부딪치며" "참나무 숲이 원을 도는" 이 춤을 현장감 있게 전달하기 위해 시인은 과거 시제를 현재 시제로 바꾸고 다양한 영탄과 명령어를 사용하여 강렬함을 배가시킨다. 이 춤 속에서 인디언 왕자 매코케타는 기둥에 묶여 화형당하는데, 그의 칼날 같은 머릿결에는 "삼각으로 내리꽂힌 번개 경련"이 일어나고, 이빨에선 "부싯돌이 번쩍이며", "드문드문 푸른 공기 헐떡이는" 격렬하고도 뜨거운 장면이 연출된다. 시인은 매코케타에게 춤추기를 명하면서 그가 "껍질 벗고 그 너머를 사는" 뱀처럼 다시 뿔이 돋고 이빨을 번득이며 부활하기를 기원한다. 시인은 더 나아가 주술사까지 소환하여 매코케타의 부활을 명하는데, 여기에서 주술사는 상상력을 통해 사람들을 "홀려" "부족의 아침으로 춤추며 되돌아가게" 만드는 사람이라는 점에서 또 다른 시인의 자아로 해석할 수 있다.

16연과 17연에서 시인은 전쟁과 포위 공격, 처형 장면을 보여주면서 희생자 매코케타와 자신을 동일시한다. 그는 마치 매코케타가 된 듯 기둥에 묶여 울부짖고 옆구리에 박힌 화살을 느끼며 불길에 싸여 "더 많은 호위대가 깨어 일어나는" 환영을 본다. "용암"과 "화염 폭포" 속에서 불타던 매코케타는 마침내 20연에서 "하얀 유성처럼 가라앉아" 자신의 운명에 입 맞추고 "최초와 최후의 신들"이 지켜주는 곳에서 "자유롭고 완전한 모든 것"과 하나가 된다.

21연부터 매코케타는 "번개 근육"을 지니고 부활하여 인디언들의 몰락 이후에도 이어지는 "무한 계절"을 응시한다. 그의 시선은 여전히 "불멸의 신부"를 찾고 있으며, 이에 화답하듯 23연부터 포카혼타스가 깨어나 겨울을 녹여낸 뒤 "다시 요동치며 급류가 되고 노래하는 나무가 된다". 이제 서부나 남부 가릴 것 없이 미 대륙 전체에 바람이 불어 따스하게 쉭쉭대는 "그녀 머릿결"이나 꽃 피는 "그녀 가슴"을 전해준다. 비록 20세기 현대인들이 마천루와 기계문명에 갇혀 있고 "다른 역법들이 하늘을 쌓는다 해도" 인간에게는 여전히 비전의 가능성이 존재하기에 시인은 마지막 두 연에서 자신의 비전을 "아낌없는 선물"로서 독자에게 제시하려 한다. 25연의 순록이나 사슴뿔, "그녀의 완벽한 이마"에 대한 신비로운 질문들은 독자에게 '지금, 여기에서' 깨어나 경험할 수 있는 비전의 가능성을 알려준다. 26연 역시 시간과 공간을 상징하는 뱀과 독수리를 보여주면서 결국 시·공간을 넘어 비전을 획득하는 주체는 "강력한 기도"를 안고 있는 독자 자신임을 알려준다. 시인은 이렇게 「춤」을 통해 신화와 현실, 인디언 세계와 현대 사이의 간극과 차이를 녹여내며 마지막으로 독자를 초대하여 그 일치와 확대의 움직임을 완성한다.

인디애나[1]

나팔꽃은 아침에 빳빳한 덩굴로
가로대 넘어 멀리까지 기어오르고   ···그리고
노래 속에 감겨 오르다 어스름 전 오므라진다   이별하는
    내가 나를 오므릴 때처럼···   어머니의 시선 속에
                                                    그녀를 읽는다.

아들아, 네가 한때 내 자궁 찢으며
대초원 입구에서 첫울음 울었을 때처럼
들소들의 천둥소리 더 이상 내 꿈 부수지 못하는 걸
    네 아빠는 알고 있었지

비록 우리 뒤, 저 멀리 황금 길에[2] 그를 묻었지만—
그러고선 사라진 그의 뼈들이 꿈틀거렸지···
그러나 노를 잡으려 낯을 떨군 너는
    알지도, 듣지도 못했어

한때 우리 탕자들도[3] 역시 말 타고서—
어떻게 신학교 언덕에 작별하고 떠났는지를···
우리는 그곳 콜로라도에서 풍요롭지만
    살며시 지나가는 하느님을 보았지.[4]

자갈은 노래하고 불고양이는 살금살금 도망쳤어.
그리고 느릿한 큰 물결 사이로 반짝이며

진흙에서 풀려난 금빛 음절 속에
    신의 이름이 빛났지.

엘도라도라[5] 불리는 꿈은 신의 마을,
그것은 깨어나는 금괴 속에서 비틀거리며 일어나
어떤 양도증서 없이 주장한 대로 차지하는
    약속된 왕관.

하지만 우리는— 너무 늦었고, 너무 일렀고, 그렇지만—
오십구 년[6] — 그 시절 — 아무것도 얻지 못했지.
금칠한 약속은 결코 우리를 위한 것이 아니었어.
    그러곤 메마른 눈물이···

돌아오는 먼 길! 천막 친 짐마차 그늘에 웅크리고 있다가
밖을 한번 내다본 순간, 나는 비틀거리는 야윈 말 타고
집도 없이 서쪽으로 지나가던
    인디언 여자 한 명을 보았지—

반쯤 혼혈 같은 그녀는 고삐 없이 달리며
가녀린 등에 아기를 업고 있었어.
그녀의 눈은 인디언치고는 이상하게도
    검은색이 아니었고, 고통으로 예리한 것이

쌍둥이별 같았지. 그 눈은 긴 행렬을 이룬—
침묵하는 모든 남자들의 시선을 피하는 것 같았어—
그러다 마침내 그녀는 나를 보았지—

       아련한 보랏빛 눈이 사랑으로 점화되어 빛났어···

나는 갑자기 더 대담해져서 너를 들어 올렸어—
그보다 우리를 더 가깝게 만들 수 있는 말은
없다는 걸 알았던 거야. 그녀는 고개를 끄덕였지—
       어깨 너머 그녀의 미소가 더욱 그리워질 거야

네 아빠 짐을 따뜻하게 기억하는 한은 말이야.
그래, 래리, 이제 너는 바다로 갈 테지. 기억해 줘
네드와 이 농장이 있기 전— 네가 먼저 있었다는 걸—
       기억하렴, 네가 첫째로 태어났다는 걸—

그리고 그 후— 짐에 관해서 내게 남겨진 모든 것이라는 걸.
그와 내 친척들은 다 애로우헤드 출신이야.
그리고 너는 그의 눈을 닮은 유일한 사람—
       켄터키 사람이지!

나는 조용히 서 있어, 난 늙었어, 반은 돌이 됐다니까!
오, 힘든 시간들이 내비쳐도 위로가 되는
그 매력적인 푸른 눈 속에 나를 담아주렴—
       진정한 황금의 그 눈 속에!

희미하게 빛나는 도로 따라 강 가장자리로 내려오렴—
여울목 건너는 말발굽 소리 들을지도 모르겠네···
리오에서 편지 주렴··· 그리고 약속은 지키고.
       난 네가 한 말은 지키리라는 것 알고 있어!

인디애나로 돌아오렴— 너무 늦지 않게!
(아니면 끝까지 돌아다니며 살 거니?)
안녕… 안녕… 오, 항상 기다릴게
너, 래리, 여행자를—
    낯선 이,
      아들,
        — 내 친구를—

주해

1 인디애나(Indiana)는 라틴어로 인디언들의 땅이란 뜻이며, 이 시에서는 미국의 인디애나주를 의미한다.
2 황금 길(gold trail)은 1848년부터 1855년까지 금 채굴 붐이 일던 골드러시(Gold Rush) 기간 중 30여 만 명의 인구가 캘리포니아주로 이동했던 경로를 일컫는다. 황금 길은 중서부 10개 주를 관통하고 8,000km가 넘는 거리에 걸쳐 있던 미국 역사상 가장 큰 규모의 이주 통로였다. 황금 길은 크게 남과 북으로 나뉘어 각각 캘리포니아 로드(California Road)와 캘리포니아 트레일(California Trail)로 불리며 미국의 중부와 서부를 이어주었다.
3 탕자(Prodigal)는 신약성서 「누가복음」 15장에 나오는, 허랑방탕하게 유산을 탕진한 후 다시 집으로 돌아온 아들을 지칭한다.
4 콜로라도주에도 1858년에 골드러시 바람이 불었는데, 1861년까지 비교적 짧은 기간 지속되다가 사그라졌다.
5 엘도라도(Eldorado)는 15세기부터 시작된 유럽 신항로 개척기에 스페인 탐험가들 사이에 퍼져 있던 전설의 장소이며 황금이 넘치는 이상향을 뜻한다.
6 1859년은 콜로라도 골드러시(Colorado Gold Rush)의 정점이던 해이다.
7 리오(Rio)는 미국 텍사스주와 멕시코의 국경인 리오그란데강(Rio Grande river)을 지칭한다.

해설

「인디애나(Indiana)」는 「춤」의 신화적 세계와는 다른, 한 여성의 구체적 체험과 삶을 다루고 있다. 이 시의 화자는 멀리 떠난 아들에게 자신의 과거 이야기와 그리움을 전하고 있는 백인 여성이다. 그녀는 1859년 골드러시 때 "엘도라도라 불리는 꿈"을 좇아 "신학교 언덕"에 작별을 고하고 가족과 함께 콜로라도로 떠난다. 그러나 그녀는 여정 중에 "대초원 입구에서" 아들을 낳고 남편을 "저 멀리 황금 길에" 묻는 경험까지 하면서 "금칠한 약속"은커녕 "메마른 눈물"만 흘리게 된다. "아무것도 얻지 못한" 그녀는 결국 남편도 없이 어린 아들만 데리고 "돌아오는 먼 길"에 오르게 되는데, "천막 친 짐마차 그늘에 웅크리고 있다가" 우연히 "비틀거리는 야윈 말 타고" "집도 없이 서쪽으로 지나가던" 인디언 여자를 만나게 된다. 화자는 그녀의 "고통으로 예리한" "쌍둥이별 같은" 두 눈이 자신을 응시하며 "사랑으로 점화되어" "아련한 보랏빛"으로 빛나는 것을 본다. 화자는 인디언 여자를 향해 자신의 아들을 들어 올리고, 그녀는 고개를 끄덕이며 어깨 너머로 미소를 보낸다. 이들의 본능적 교감은 꿈도 남편도 잃어버린 백인 여성과 "가녀린 등에 아기를 업고" 홀로 달려가는 인디언 여성 사이에 고달픈 삶 속의 모성애라는 공통분모가 존재하고 있음을 보여준다.

    이 시의 화자는 한 번의 미소조차 인색했던 「반 윙클」의 어머니와는 달리 자식에 대한 깊은 애정을 간직하고 있다. 그녀는 아들 래리가 죽은 남편 짐의 눈을 닮은 "유일한 사람"이자 짐에 관해 자신에게 남겨진 "모든 것"이라고 말한다. 그녀는 자신이 늙고 "반은 돌이 됐다"고 하면서 아들이 "너무 늦지 않게" 인디애나로 돌아와주길 바란다. 그녀는 "힘든 시간들이 내비쳐도 위로가 되는" 아들의 "매력적인 푸른 눈"이 "진정한 황금"이라고 말하면서, 자식에 대한 사랑이야말로 그녀에게 최고의 가치이자 비전임을 밝힌다. 이런 면에서 그녀와 그녀 가족이 가졌던 엘도라도의 꿈을 단순히 배금주의로만 해석할 수는 없다. 콜럼버스의 "캐세이"가 신대륙 탐험을 감행하게 만든 것처럼 "엘도라도" 역시 많은 미국인들로 하여금 서부로의 대장정을 시도하게 만든 하나의 꿈이자 이상이었기 때문이다. 이 시의 화자는 그런 의미에서 "진흙에서 풀려난 금빛 음절" 속에 빛나던 "신의 이름"을 기억하는 이상주의자이자 거칠고 고된 변경의 삶 속에서도 아름다움과 신성을 찾아내는 시인의 면모를 보여준다.

여성 화자의 모성 서사에 기반한 이 시는 앞선 「춤」의 한껏 고양된 신화적 세계와 뒤에 이어지는 「커티 사크」의 현대 세계 사이에서 차분하고 안정적인 목소리를 견지한다. 또한 화자가 미국 서부에서 중부로, 과거에서 현재로 돌아오는 움직임을 통해 「춤」과 「커티 사크」의 시·공간을 매끄럽게 연결하면서 상반된 두 시 사이에서 완충적, 이행적 기능을 수행한다.

III
커티 사크

오, 오래된 참나무 군함들이여,
오, 이제는 사라진 테메레르여!
— 멜빌1

커티 사크[2]

사우스 거리에서[3] 키 큰 남자를 만났다—
신경질적인 상어 이빨이 그의 사슬에 매달려 흔들렸다.
그의 눈이 초록색 유리를 뚫고 밀려왔다
— 초록색 안경알이거나 바의 조명 때문에
그렇게—
      빛났다—
         초록색—
            눈들이—
밖으로 나와— 당신 보는 걸 잊어버리거나
당신을 몇 블록 떨어진 곳에 남겨둔 채 떠났다—

오 센트 넣은 슬롯 피아노에서[4] "이스탄불의 밤"이
그럭저럭 흘렀다— 누군가의 오 센트 엮어— 노래했다—

    오 이스탄불의 장미 — 꿈은 장미를 엮어!

    그는 럼과[5] 거대한 해수(海獸)의[6] 웅얼거림이
    우리 머릿속 플라톤이라 말했다···

"그건 앤트워프로 가는— S.S. 알라호였어— 이제 기억나
배가 정시에 떠나니까 세 시에 날 깨워 보내려던 꼬마가.
나는 더 이상 시간을 잘 지키지 못해.

시계가 가끔 힘없이 졸거든— "그는 앙상한 손으로
시간을 때려눕혀야 했다···"한때는 고래잡이였지—
나는 시간을 지키고 넘어서야 했어— 나는
민주당원이야— 시간이 뭔지 안다니까— 아니야
시간이 뭔지 알고 싶지 않아—
빌어먹을 백색 북극이[7] 내 시간을 죽였어···"

      오 이스탄불의 장미여 — 북소리 엉켜드네—

"나는 저기 파나마 운하에서
당나귀 엔진을[8] 돌렸어— 지겨웠어—
그다음엔 유카탄에서[9] 주방 용품— 구슬들— 팔았지
재 가루가 체로 친 듯 날리는 새 한 마리 없는 구멍—
포포카테페틀[10] 본 적 있나?
              그러곤 다시 해안으로 갔어···"

    이스탄불의 장미 오 산호 여왕이여—
    뼈만 남은 도시들의 조롱받는 잔해—
    그리고 회랑들, 물 뱉은 용암의 회랑들
    으르렁대는 돌— 초록색— 북들— 익사하네—

노래하라!
"— 저 숨구멍!"[11] 그는 문밖으로 손가락을 쏘아댔다···
"오 인생은 간헐천— 아름다워— 나의 폐—
아니— 나는 땅에선 살 수 없어— !"

나는 그의 마음에서 변방이 반짝이는 걸 보았다.
아니면 때때로 모래 흘러가는— 변방이 있나?
흘러가는 모래— 어디선가— 모래 흘러가는…
아니면 어떤 하얀 기계가 노래 시작할지도
그러면 당신은 웃으며 축대 위에서 춤출지도—
강철— 은빛— 흔적 걷어차고— 그러곤 알게 될지도—

      아틀란티스의 장미, 장미를 휘감는 북소리,
      별은 눈물의 만(灣)에서 불타며 떠다니다
      또 다른 천년을 잠드네—

          누군가의
오 센트가— 연주를— 멈추게 한 후
끝없이 오랫동안—

바람이 말끔한 고리버들 옷깃 집적대고
흔들리는 여름은 더 서늘한 지옥으로 들어갔다…
밖에선 부두 트럭이 그를 거의 치어 죽일 뻔했다
— 그는 바우어리가를[12] 달려갔다
새벽이 되어 자유의 여신상—
익히 아는 그녀의 횃불이 꺼져버릴 즈음에—

나는 다리를 건너 집으로 걷기 시작했다…

      · · · · · · · · ·

유쾌한 양키 장신구들, 작은 탑의 요정들, 날개 달린

                    영국식 말재간, 능란하게

봄이면 피어나는
야만적 바다 소녀들— 치켜올려 엮어보라
무역풍이 몰고 오는 그 밝은 무늬를···

        달콤한 아편과 차, 요호!
        용골 둘러싼 돌고래 위한 동전들!
        일본 근처 바람 휘갈기는 지느러미!

가장 높은 돛이 환하게 적도를 찍고, 혼을[13] 돌아
샌프란시스코로, 멜번으로 눈웃음친다···
                    짧은 밧줄들, 포물선들—
행운의 푸른색 위 귀족적 흰색으로
영원히 순항의 꿈 꾸는 쾌속 범선!

        끝없이-커티-칭송되는-사크!

테르모필레, 블랙 프린스, 순다 지나는 플라잉 클라우드[14]
— 거품 두른 채 초록 해안 산책로로 배 돌리고선
변덕스런 바람에 갇혀 힘 빠져버린 동진(東進).

        자바 갑에서[15] 기분 좋게 한잔하고
        (달콤한 아편과 차여!) 우리는
        돌아서 바람 불어가는 쪽 향했지···

번트라인과[16] 격투하며 (91일 20시간 후 정박!)

>   *레인보우, 리앤더*
> *(마지막 항해는 비극)* — *님부스, 그리고 두 경쟁자는* —
> *어디로 가야 하나?*
>
> > *오래 돛의 방향 바꿔가며* —
> > > *테이핑은?*
> > > *에어리얼은?*[17]

주해

1. 3장 제사는 멜빌(Herman Melville, 1819-1891)의 시, 「테메레르(Temeraire)」의 마지막 2행을 인용했다. 테메레르는 영국 함대의 오래된 목조 전함이다. 크레인은 「커티 사크」에서 「테메레르」 외에도 멜빌의 장편 소설 『모비 딕(Moby-Dick)』의 다양한 이미지나 표현들을 인용한다.
2. 커티 사크(Cutty Sark)는 차 무역을 위해 1869년 영국에서 제작한 쾌속 범선이다. 계절 식품인 차는 빠르게 운반될수록 고가에 거래되기에 19세기 후반에는 차 무역을 위한 쾌속 범선이 많이 제작되었다. 커티 사크는 그중 가장 성능이 좋으면서도 현재까지 잘 보존된 배이며, 이 배의 명성에 힘입어 동명의 유명한 위스키 상표도 만들어졌다. 커티 사크라는 이름은 로버트 번스(Robert Burns)의 1791년 시, 「탬 어 샨터(Tam o' Shanter)」에 나오는 마녀, 내니 디(Nannie Dee)의 별명 커티-사크(Cutty-sark)에서 따온 것이다.
3. 사우스 거리(South Street)는 뉴욕 맨해튼 남쪽 끝에 있으며, 항구와 수산 시장이 위치하고 있다. 17세기 후반 매립지에 형성된 이 거리는 200년 동안 해운업과 상업의 중심지였으나 20세기 들어 침체기를 맞았고, 크레인 당대에는 실업자와 노숙자들이 득실대는 낙후된 지역이었다.
4. 슬롯 피아노(slot piano)는 1920년대 미국의 음식점이나 바에 설치되었던 초기 형태의 주크박스이다.
5. 럼(rum)은 사탕수수 증류주로 값이 싸면서도 독해서 선원들이 많이 찾았고, 18세기 항해의 상비 품목이자 영국 해군의 보급품이었다. 럼은 술이란 뜻 외에도 '기이한', '어려운'이라는 속어적 의미도 있다.

6   해수(Leviathan)는 『모비 딕』에서 거대한 흰고래를 지칭하는 표현이다.
7   "빌어먹을 백색 북극(damned white Arctic)"은 에드거 앨런 포우(Edgar Allan Poe)의 소설, 『낸터킷의 아서 고든 핌 이야기(The Narrative of Arthur Gordon Pym of Nantucket)』에서의 공포스러운 극지 체험을 암시한다.
8   당나귀 엔진(donkey engine)은 돛을 올리거나 배를 암초나 모래톱에서 끌 때 사용하는 증기 동력 권양기(捲揚機)를 지칭한다.
9   유카탄(Yucatan)은 멕시코 남동부 유카탄 반도 북쪽에 위치한 주 이름이다.
10 포포카테페틀(Popocatepetl)은 멕시코 중부에 위치한 활화산이다.
11 숨구멍(spiracle)은 고래가 숨을 쉬기 위해 수면 위로 올라와 폐의 공기와 수증기를 분사하는 기관이다.
12 바우어리가(Bowery way)는 뉴욕 맨해튼 남쪽에 위치하며, 20세기 전반에는 알코올 중독자나 노숙자들이 거주하는 대표적인 빈곤 지역이었다.
13 혼(Horn)은 케이프 혼(Cape Horn)의 준말이다. 케이프 혼은 남아메리카 남단의 곶으로서, 세계 무역이 이뤄지는 클리퍼 항로의 주요 이정표였다. 케이프 혼 주변 바다는 센바람, 큰 파도, 강한 해류와 빙산으로 악명 높다.
14 테르모필레(Thermopylae)는 1868년 영국에서 건조된 쾌속 범선이며, 동시대 커티 사크와 겨룰 만큼 빠른 속도를 자랑했고 차와 양모 무역에 이용되었다. 블랙 프린스(Black Prince)는 1863년 영국에서 건조된 쾌속 범선으로 차 운송에 사용되었다. 플라잉 클라우드(Flying Cloud)는 1851년 미국에서 제작된 쾌속 범선으로, 뉴욕에서부터 샌프란시스코까지 89일 8시간 만에 항해한 세계기록을 세웠다. 순다(Sunda)는 인도네시아 자카르타의 오래된 항구이다.
15 자바 갑(Java Head)은 인도네시아 자바섬 서쪽 끝의 곶으로 순다 해협의 인도양 입구에 자리 잡고 있다.
16 번트라인(buntline)은 배의 돛을 잡아매는 데 사용되는 줄이다.
17 시의 마지막 여섯 행에는 19세기 후반에 운행된 유명한 쾌속 범선 이름들이 열거된다.

해설

「커티 사크(Cutty Sark)」는 화자가 사우스 거리의 바에서 술에 취한 키 큰 늙은 선원을 만나면서 시작된다. 한때 "고래잡이"였던 이 노인은 자신의 시계가 "가끔 힘없이 졸아서" "더 이상 시간을 잘 지키지 못하게" 되었고, "시간이 뭔지 알고 싶지도 않다"고 말한다. 그는 "빌어먹을 백색 북극"이 자신의 시간을 죽였고 바다에서의 경험이 그를 망가뜨렸다고 말하지만, 자신을 고래의 "숨구멍"처럼 가끔 숨만 쉬러 뭍으로 나오는 존재로 느끼며 "땅에선 살 수 없다"고 고백한다. 만취된 채 트럭에 치여 죽을 뻔하며 바우어리가를 달려가는 이 늙은 선원은 현실 적응에 실패한, 20세기 초 뉴욕의 소외되고 도태된 또 다른 아웃사이더이다.

밤새 선원과 나눈 술과 이야기로 인해 흥이 오른 화자는 선원과 헤어진 후 브루클린 다리를 건너 집으로 걸어간다. 선원을 만났던 바의 슬롯 피아노에서 울리던 노래 "이스탄불의 밤"은 시간이 흘러감에 따라 "아틀란티스의 장미"로 바뀌고, 이런저런 홍얼거림과 두서없는 상상들이 계속해서 이어진다. 화자의 머릿속에는 이제 현실 속 항구의 배들 대신 19세기 후반의 쾌속 범선들이 나타난다. 커티 사크, 테르모필레, 블랙 프린스, 플라잉 클라우드, 레인보우, 리앤더, 님부스, 테이핑, 에어리얼이 그 이름인데, 이들은 제사의 표현처럼 "오래된 참나무"로 만든 배들이며, 마치 늙은 선원이 도태되듯이 기계 동력의 시대에 철로 만든 배들에 밀려 사라져버린 존재들이다. 그러나 사라진 존재나 가치, 잃어버린 아름다움은 크레인에게 있어 단순한 회고나 향수의 대상에 머무르지 않고 재현의 욕구를 불러일으키고 초월의 움직임을 만들어낸다. 이 시가 과거의 상실과 현재의 영락을 다루면서도 무겁게 느껴지지 않는 이유는 바로 시인이 이러한 초월의 가능성을 전제하고 있기 때문이며, 마지막 연 역시 사라진 범선들에 대한 압축적 질문을 통해 그 가능성을 열어두면서 산뜻하게 마무리된다.

IV
해터러스곶

모든 바다 건너, 곶의 바람 거슬러 지나니
항해가 끝났다···
—월트 휘트먼1

해터러스곶

무게를 가늠할 수 없는 공룡이
        천천히 가라앉는다,
                거대한 도마뱀
                        귀신, 동쪽의
                              곶···

서쪽에서 해안산맥이
        침묵의 땅이 서서히 상승할 때—
성단 중심에서의 산화(酸化)— 에너지 척추의
변화— 발작적인 모래 이동···
그러나 낯선 혀들이 회색 요새 아래로
밀려드는 파도의 메시지를 변화시키고
별들에게 태곳적 이름들을 되뇌는
돌출된 땅, 그 곳을 도는 우리는—
집으로, 우리의 난롯가로 돌아가, 거기서 사과를 먹고
집시들이 마르세유에서[2] 우리에게 들려준 노래나
사제들이 어떻게 천천히— 봄베이를[3] 걸었는지 회상하거나
또는 월트를 읽는다— 갇혀 있는 우리들을, 우리 토종 흙을

깊은 경이로움으로, 포카혼타스의
붉고 영원한 살의 깊이로 알아봐준 당신을—
그 모든 시간이 우리에게 진정으로 맹세한 것들이

기중기와 굴뚝, 터널 아래 달콤하게 쌓여 있는
대륙의 접혀 있는 영겁 속에 광맥을 만든다…
그리고 위에선 가늘게 찍찍대는 라디오 잡음,
포착된 공간의 독기가 우리 귓가에 거품을 일으킨다—
먼 대해 불침번의 속삭임은 침묵으로 되돌아가고,
시간은 우리의 렌즈를 맑게 하고 초점을 들어 올려
잠망경 되살리며 우리의 눈이 나누거나
답할 수 있는 어떤 기쁨이나 고통도 엿보게 하고—
그러고선 우리를 굴절시켜
각자 자신의 희미한 과거만을 거꾸로 보는
물에 잠긴 미로로 비켜 가게 만든다…

그러나 별처럼 반짝이는 무한의 구원자,
끝없는 공간을 순환하는 그 눈먼 시련은
움직임으로 넘쳐흘러— 결코 제어되지 않는다.
아담과 숲속에서의 아담의 대답은[4]
투명한 연못에 헤스페로스를[5] 비춰주었다.
이제 독수리가 우리 시대를 지배하고
모호한 구름을 재판한다. 우리는 전제적 날개의
거슬리는 규칙을 안다… 공간이 순간적으로
잠깐 깜빡이다가 그 미소 속에 우리를 태워버린다.
지평선 위 섬광— 기어 변속— 그리고 우리에겐
웃음, 혹은 더 많은 눈물이 갑작스레 다가온다.
우리가 행동하는 꿈으로 깨어나는
이 새로운 사실의 영역에서 꿈은 꿈을 취소한다.
자신을 수의 입은 원자로 보면서— 인간은

자신에게서 구름 속 엔진 소리를 듣는다!

"— 오랜 시간 후 기록자들이여"[6]— 아, 믿음의 음절들!
월트, 말해줘요, 월트 휘트먼, 당신이 포머녹 근처
해변 걸으며— 고독하게 순회하며— 밀려오는 파도에서
정령의 소리, 그곳에 오래 내리던 새의 선율 듣던
그때와 지금의 무한이 여전히 같은지를···[7]
당신의, 당신을 위한 파노라마와 이런 식의 높은 건물들—
절벽에서 크게 자라난 주제, 여전히 앞에서
자유로운 길 위에서 빈둥거리는 자여!
그러나 이것은 아직 우리의 제국이 아니라
교통 협곡 지하 감옥 각각의 거대 바위에서
배 없는 위대한 항해사 같은 당신의 눈이
번득이고 있는 미궁이다··· 증권거래소를 마주하고
주식 세계에서 살아남아— 그 눈은 또한
두 번째 목재가 흩어져 있는 언덕 가로질러
저기 코네티컷 농장, 버려진 목초지 위를 거닌다—
신화로 환해진, 거부하지 않는 바다의 눈과 조수 위를!

비음 섞인 전력의 울음이 새로운 우주를 휘갈긴다···
뿜어져 나오는 기둥들이 저녁 하늘을 뒤쫓고,
거대한 발전소의[8] 어렴풋한 굴뚝 아래
별들은 날카로운 암모니아 격언으로 눈을 찔러대고,
청력의 사슬을 탄주(彈奏)하는 발전기의 부드러운
윙윙 소리 안에 새로운 진실, 새로운 암시가 있다···
전력의 각본은— 돌리고, 감개에 묶이고, 정련되어—

쿵쾅대는 얼레 위 덜커덕 벨트로 갈리고,
동력화된 별들의 젤리, 팽창하는 수프 속으로 질주한다.
무엇을 향해? 쪼개진 천둥의 갈라진 충돌은 매 순간
우리의 청력을 찢는다. 그러나 소용돌이치는 회전자 속에
빠르게, 개구리의 눈처럼 환하게, 강철 내장에 둘러싸여
낄낄대며 — 축에 묶이고, 똬리 튼 정밀함에 갇혀
서로 기뻐 뭉쳐 있는 베어링들이[9] 번득인다 —
오 기름으로 행군 맹목적 황홀의 회전 속에서
소리 없이 빛난다!

별들은 우리 눈 위에 서리 내린 무용담을,
정복되지 않은 우주의 번득이는 시편을 갈겨쓴다⋯
시든 바람 밀어대는 늠름한 은빛 복엽기여!
그곳 키티 호크의 킬 데블스 힐에서[10]
쌍둥이 형제는 모래 언덕을 떠났다. 바람과 싸우며
라이트 형제는 강풍을 뒤틀고 곶을 향해 방향 틀어
바람의 옆구리 가르며 동체 기울여
예언적 대본에서 솟아난 암호들을,
별들 사이 새로 생긴 마라톤을 회전시켰다!
나프타[11] 깃을 단 영혼은 새로운 영역으로 날아가
벌써 화성이 더 가까이 잡힌다는 걸 알아차린다 —
매듭 풀린 새로운 위도는 임박한 운명으로 팽배한
냉혈한 시간표에 곧장 자리를 내어준다!

저 용의 무리를 보라 — 도처에서 수륙양용 비행기가
해안을 둘러싸고, 갑(岬)을 감싸고,

하늘의 구름 신전 지역을 지나 대기 바깥으로 나간다···
자부심으로 치켜든 눈에서 일리아드가[12] 명멸할 때
지옥 일대는 깃털 달린 천국 쪽으로 더 넓게 솟아오른다.
포근한 앞바다로 위장한 불타는 전쟁의 소굴로
날기 위해 고안된 오 밝은 원주여, 고도여 —
이 공간의 경합, 때리고 파버린 높이가
습격하는 무리, 원한 맺힌 수류탄의 위협적 연타에 걸려들고,
비명 지르는 수류탄 꽃잎들은 날카롭게 퍼붓는 원리로
우리가 감싸는 상처를 우리에게 새겨놓는다!

은색 애벌레 격납고에서 빠르게 돌아가는 날개가 나온다.
팽팽한 모터가 솟구쳐 올라 공간을 침식하며 비행한다.
널리 펼친 잠들지 않는 날개는
섬광 이는 가시도(可視度)로 빛의 마지막 둘레를 자른다.
새벽 순찰 나선 지구의 바람 탐정들,
비행기 각각은 날개 달린 병기의 종렬 편대로 돌진하여
날카로운 강풍 위로 높이 곤두서 공중에서 떠다닌다.
어떤 이도 확실하게 선워드 비행대를 다 볼 순 없다!
면도날의 번쩍임으로 깃 돋은 플레이아데스처럼[13]
그들은 각자 의미심장하게 빠른 나선형으로 그곳에서 급상승한다!
그들만의 속도 특권 잔뜩 부여받은 성가대원들은
해방의 행렬 지어 뭉게구름 헤치고 나아간다 —
포위 공격하며 저 하늘 아래 새털구름 뛰어넘는다!
한편 고래자리 같은 오 그대 비행선이여,[14]
진동하는 여명의 해안 거대하게 어슬렁대는 자여 —
그대가 활공할 때 몰려가는 전망대에서

다시 그대와 합류하는 달빛 정찰기, 호위 비행기들을
넓게 위성처럼 두르고서— 그대는 공간을 쪼개버린다!

      낮게, 곶의 그늘 속에서
움직이는 포탑을 주시하라! 정찰 독수리가
낮게 드리워진 상장(喪章) 뚫고 회색 갑판에서
날아오르는 것 보아라… 마침내 천둥 지붕이
구름 종루에 쾅쾅 답하고, 탐조등은 검객처럼
그대, 오 태풍의 전투기 향해 거품 이는 하늘의
무연탄 췌장을 째버린다— 조종사여, 들어라!
오 스카이갸이여,[15] 그대의 눈은 속도로 인해
탄산처럼 하얗게 변했다. 우주의 술에 취해
그대 눈이 잠잠해질 때— 어떻게 그대가
번개의 창(槍) 위 그대 길에서 헤아릴 시간도 기회도 없이
파멸을 뿌려댔는지 보아라‥! 기억하라, 팰컨 에이스여,[16]
무한의 희미한 가장자리에서 교미하기 위해
거기, 그대 손목에 산스크리트어를 장전했다는 것을—
새롭게‥!

     그러나 먼저 여기 이 높이에서
깊고도 확실한 보상의 포탄 축복을 받아라!
납으로 구멍 뚫린 동체, 문장(紋章) 새긴 날개는
보이지 않는 정짐에서 기울어 고통스런 해방을 들어 올린다
이제 독수리처럼 눈부시게, 이제
       사냥감처럼 숨으며, 뒤틀
           리며, 내려앉는다

거대하게 반향 일으키며 기울
  　　　　　　　　면서 아래로
아찔하게 회전하는
  　　　　　　　연속적 시련, 뒤집히고, 유격대 솜씨로
공중제비 풀며, 선회하는 산화에
갇혀, 응고된 깊이 춤추며
  　　　　　　　　윙 하고 가라앉는
황도대(黃道帶), 내던져져
  　　　　　　(이제 빠르게 곶으로 다가선다!)
  　　　　　　　　　　중력의 소용돌이로
  　　　　　　　　　　　　　　충돌하여
····흩어지고···으깨져 형태 없는 파편으로····
해터러스 옆 바닷가에 무더기로 쌓이는 드높은 용기여!

　　·　　·　　·　　·　　·　　·

별들은 사랑과 증오, 탄생— 국가의 종결에 대해
눈에 홈이 파이도록 오래 우리를 설득했다···그러나
누가 그대보다 더 확실히 높은 곳 차지할 수 있으랴,
오 월트여!— 그대는 지금 내 안에서 맴돌며 승천하여
광대한 영원과 함께 속도를 슬퍼하며, 그곳
그 접점에서 되울리는 씨앗을 산포한다!
넉넉한 옥토, 틀림없는 풀잎은—
그대처럼 애쓰면서 타고난 순수 충동 속에
가장 깊은 수심(水深)에 응하여
에베레스트 대좌(臺座) 가득 채울 조수를 일으킨다!

오 그대는 죽은 자들로부터 장부책 끌어 올려
살아 있는 형제애의 새로운 결속과 조약을 이끈다!

             그대, 그곳 너머—
빙하 산맥과 까마귀의 비행 너머
연금술처럼 독수리 지대 건너 하늘나라 천장 뚫고
앨버트로스가 마지막 날개 맥박 바친 곳 지나
비워낸 컵처럼 아래를 향해
진동하며 땅으로 돌아와— 그대는 지팡이 치며
노래한다, 오 월트— 그곳 그 너머에서!
그리고 그대의 다른 손, 이 손은 내 가슴 위
수직으로 내려와 저기 곳, 실패한 인간의 사악함과
형제 학살의 귀신 무덤 옆 피비린내 나던
철야의 기억 불러내어 눈물 흘리게 한다— 그대는
그곳에서 분필처럼 창백해져, 그때 애퍼매턱스에서[17]
솜까지[18] 이어졌던 모든 걸 요약하는
상처들을 감싼다, 오 애도하는 자여![19]

대초원 옥토처럼 충만하고 절벽으로 뛰어오르는
파도와 같던 내가 그대의 시행(詩行) 처음으로 읽던 그 봄,
종마의 드러난 이빨 주위 밧줄에 낀 거품같이
얇게 팔랑거리며 앵초와 채진목 꽃 피어났다!
오, 나는 일찍이 그대 따라
제비꽃 향기 짙게 서린 파란 언덕 찾았고,
유월이 되자 산월계수는 푸른 잎 뚫고 나와
주렁주렁 광채로 숲을 가득 채웠다!

포토맥[20] 백합— 다음엔 폰티액[21] 장미, 그리고
신비로운 눈 덮인 클론다이크의[22] 에델바이스까지!
계곡은 경사 이뤄 하얀 달빛 기슭으로 이어지고—
참나무 우거진 벼랑 위에서 나는 얼마나 수다스럽고
활기차게 세쿼이아 오솔길 따라 내려가면서—
녹색 주랑에서 울리던 천둥의 웅변을, 덤불과 풀밭
각각이 불어대던 나팔 소리를, 전율 이는 언덕 꼭대기에
황금 가을 걸릴 때까지 계속 들었던지!

천상의 양식이여! 사랑 자신이 사랑의 놀라움을
건너편에서 격정적으로 응시하다 고요해진 눈들이여!
그대는 처음도 끝도 아니고 가장 위대하지도 않지만
내 최고의 해를 지나 가까이 그리고 앞으로 나아간다.
그대는 공공장소의 동냥아치처럼 친숙하지만
동틀 녘 펼쳐지는 호(弧)처럼 쫓아가 붙들기엔 너무 힘들다—
우리의 마이스터징어여,[23] 그대는 강철 속에서 호흡한다.
그리고 가장 대담히 뒤꿈치 딛고 일어나
우리의 신화, 내가 노래하는 저 위대한 다리의
균일한 날개 사이사이에 공간을 부여한다!

현대라는 시기! 어떤 곳을 향한 추진력인가?
그러나 천상의 양식인 그대는 아무도 피하지 못한
그 장벽을 보고 지나치지 않고— 적어도 그것을
죽음의 투쟁이라 깨닫지 않았을까?— 오, 그대는
과학의 모든 열쇠 너머 하나의 목소리로 고동치며
우리를 묶어주는 초록빛 존재를 선택한다,

로마인, 바이킹, 켈트족의 새로운 완전체여—
잔디 향해 무릎 꿇는 그대, 베다의[24] 시저여![25]

그리고 지금, 우주 심연의 둥근 지붕에서 발사된 듯
무한한 종착역 향해 빠르게 나가는 빛의 부활절—
낭랑히 울리는 원기둥 위에서 거대한 엔진들이
천사같이 우아하게 바깥으로 방향 틀어
그대가 열린 길이라[26] 이름한 의식의 지속 경로로 나가
시야에서 사라진다— 회복된 그대의 비전!
그대는 얼마나 큰 유산을 우리 손에 남겨주었나!

그리고 보라! 궁형의 무지개가— 얼마나 가물거리며
곶의 귀신 무덤 위로 떠올랐는지를, 오 즐거운 예언자여!
그렇다, 오랜 시간 후 기록자들은 자신의 기질 속에서
지울 수 없이 확실한 그대의 발걸음을 들으리라.
그리고 초원의 빛 가득한 그대 머리 둘레 원광으로
그대를 읽으리라, *천상의 양식이여!*
　　　　　　　　　　　　그래, 월트,
다시 걸으며, 멈추지 말고 나가라—
당장도 말고, 급하지도 않게— 아니, 절대로
　월트 휘트먼—
　　　　　당신 안의 내 손
　　　　　　　　　놓지 말고
　　　　　　　　　　　　그렇게—

주해

1. 4장의 제사는 휘트먼(Walt Whitman, 1819-1892)의 시, 「인도로 가는 길(A Passage to India)」에서 발췌했다. 「해터러스곶」에서 크레인의 뮤즈로 나타나는 휘트먼은 혁신적 자유시를 통해 후대 시인들에게 커다란 영향을 미친 미국시의 아버지이다. 그는 금기를 깨뜨리며 과감하게 성과 육체를 얘기하고, 정치적 경계를 넘어 다양한 계급과 인종을 포괄하며, 가장 내밀한 사적 고백과 사회적, 국가적 관심사를 넘나들며 자아와 세계에 대한 역동적 재현을 시도했다. 그는 시집 『풀잎(Leaves of Grass)』 한 권을 평생 10회에 걸쳐 수정, 증보하는 형식으로 출판하였고, 이는 미국적 자아와 미국시의 정체성을 형성시킨 기념비적 작품으로 평가된다. 그는 남북전쟁 당시 부상당한 병사들을 적극적으로 간호하고 위로했으며, 전후 그를 추종하는 독자들에 의해 국민 시인으로 추앙되었다. 크레인은 「해터러스곶」뿐만 아니라 『다리』의 다른 시들에서도 휘트먼을 자주 인용하고 찬미한다. 크레인은 『다리』를 구상하던 1923년에 "휘트먼과 직접적으로 연결되는 느낌"을 받았고, 『다리』가 완성된 1929년에는 거의 휘트먼과 자신을 동일시하였다. 현대 시인 중에서 크레인처럼 선대 시인과 전폭적인 유대감을 형성하는 경우는 흔치 않다. 『다리』 후반부에는 에밀리 디킨슨이나 에드거 앨런 포우, 윌리엄 블레이크 같은 시인들이 시집 전반부의 신의 역할을 대신하는데, 휘트먼은 항상 이 모든 시인들을 대표하는 원형적 시인으로 제시된다.
2. 마르세유(Marseille)는 지중해에 면한 프랑스 남부의 대표적 항구 도시이다.
3. 봄베이(Bombay)는 '뭄바이'의 전 이름으로, 아라비아해에 면한 인도 서부의 대표적 항구 도시이다.
4. "아담과 숲속에서의 아담의 대답(Adam and Adam's answer in the forest)"이란 표현은 휘트먼의 초기 시집, 『아담의 아이들(Children of Adam)』에 수록된 시들을 암시한다.
5. 헤스페로스(Hesperus)는 그리스 신화에서 저녁 별, 즉 저녁 금성의 의인화된 이름이다.
6. "— 오랜 시간 후 기록자들이여(— Recorders ages hence)"라는 문구는 1891년 발표된 휘트먼의 시, 「오랜 시간 후 기록자들은(Recorders Ages Hence)」에서 직접 인용하였다.
7. 48행에서 51행까지는 휘트먼의 유명한 시, 「끝없이 흔들리는 요람으로부터(Out of the Cradle Endlessly Rocking)」를 암시한다. 이 시에는 휘트먼이 어린

시절 포머녹(Paumanok) 해변에서 들었던 '어두운 정령(dusky demon)', 즉 암컷 잃은 수컷 지빠귀의 슬픔과 절망의 노래를 회상하며 삶과 죽음의 무한 순환을 깨닫는 모습이 그려져 있다.

8   "거대한 발전소(gigantic power house)"는 1910년대 이후 미국 전역에서 건설되었던 많은 전력 발전소들을 의미한다. 특히 1920년대 중반 세계 최대 규모로 건설된 루즈강 발전소(River Rouge Plant)는 1927년 포드사(Ford Motor Company) 광고에 등장할 정도로 현대 기술 문명을 대표하는 상징이었다. 같은 해에 쓰인 「해터러스곶」의 발전소는 포드사 광고 사진이 거대한 위용과 정적이고도 장엄한 이미지를 보여주는 것과는 달리 속도감과 강한 소음, 역동성을 특징으로 한다.

9   베어링은 회전이나 왕복 운동을 하는 축을 제어하고, 움직이는 부분 사이의 마찰을 줄여주는 기계 부품이다.

10 키티 호크(Kitty Hawk)의 킬 데블스 힐(Kill Devils Hill)은 라이트 형제가 1903년 12월 17일, 최초로 비행기 실험을 한 곳이며, 미국 노스캐롤라이나주의 넓은 모래 언덕에 위치한다.

11 나프타는 석유의 액체 탄화수소 중 가장 가볍고 휘발성이 강한 액체이다.

12 『일리아드(Iliad)』는 기원전 8세기경 창작된 호메로스의 서사시이며, 트로이 전쟁과 영웅들의 전투를 다루고 있다.

13 플레이아데스(Pleiades)는 황소자리에 있는 산개성단이며 지구에 가까워 육안으로도 확실하게 알아볼 수 있다. 서양에서는 일곱 자매 별로 알려져 있으며, 플레이아데스에 대한 최초의 기록은 호메로스의 『일리아드』에서 찾을 수 있다.

14 비행선은 비행기나 헬리콥터와 달리 수소나 헬륨 같은 가벼운 기체의 부력을 이용하여 날개 없이 하늘을 나는 항공기이다.

15 스카이갹(Skygak)은 1907년부터 1911년까지 『시카고 데이 북(Chicago Day Book)』에 연재된 최초의 SF 만화 「화성에서 온 스카이갹 씨(Mr. Skygak, from Mars)」의 주인공 이름이다. 화성인 스카이갹은 지구와 인간을 관찰하며 재치 있게 논평하는 것으로 인기를 끌었다.

16 팰컨 에이스(Falcon-Ace)는 미국 대공황 당시 제작된 가볍고 저렴한 항공기이다.

17 애퍼매턱스(Appomattox)는 1865년 미국 남북전쟁의 마지막 교전 장소이다.

18 솜(Somme)은 영국과 프랑스 군대가 독일 제국과 싸웠던 1차세계대전의 전

투 장소이다. 솜 전투는 1916년 7월 1일부터 11월 18일까지 프랑스 솜강 상류에서 전개되었고, 참전한 300만 명 중 100만 명 이상이 부상을 입거나 사망하여 인류 역사상 최악의 전투 중 하나로 간주된다.

19 이 대목에서 크레인은 남북전쟁 당시 전쟁터에서 몸소 사상자들을 간호했던 휘트먼의 전기적 사실을 소환한다. 1862년 겨울, 휘트먼은 동생 조지(George)의 참전과 부상으로 우연히 전쟁터와 병원을 방문했다가 무수한 사망자와 부상자들을 만나게 되고, 이 사건을 계기로 삼 년간 간호 활동에 몰두하며 팔만에서 십만 사이로 추정되는 군인들을 돌보고 위로하였다. 휘트먼은 이 경험을 1865년, 「상처 감싸는 이(The Wound-Dresser)」라는 시로 남긴다.

20 포토맥(Potomac)은 미국 웨스트버지니아주 포토맥 고원에서 메릴랜드주 체서피크만으로 흐르는 미국 대서양 지역의 강이다.

21 폰티액(Pontiac)은 1763년부터 1766년까지 오대호 지역에서 여러 부족을 규합해 영국군에 저항했던 대표적인 인디언 추장이다.

22 클론다이크(Klondike)는 골드러시로 유명해진 캐나다 북서부 클론다이크강 주변을 일컫는다.

23 마이스터징어(Meistersinger)는 독일어로 '숙련된 가수'라는 뜻이며, 14세기에서 16세기 사이 시와 음악 계발 목적으로 조직된 길드 회원을 일컫는다.

24 베다(Veda)는 브라만교 및 그 후신인 힌두교의 신화적, 종교적, 철학적 경전이자 가장 오래된 산스크리트 문학이다.

25 시저(Julius Caesar, BC100-BC44)는 로마 공화국의 장군이자 정치가이며, 로마 공화국이 로마 제국으로 변화하는 데 중요한 역할을 하였다.

26 "열린 길(The Open Road)"은 휘트먼의 시 「열린 길의 노래(Song of the Open Road)」에서 나온 표현이다.

해설

「해터러스곶(Cape Hatteras)」은 『다리』의 15편 중 가장 긴 시이다. 시가 완성될 무렵인 1929년 8월 편지에서 크레인은 이 시가 『다리』의 다른 시들보다 길어 시집의 판형을 바꿀 것도 고려해야 한다고 적고 있다. 235행에 달하는 긴 길이도 그렇지만 이 시는 매 행이 묵직한 음절과 단어로 치밀하게 쓰여 있어 더욱 길게 느껴진다. 그렇지만 「해터러스곶」은 시간 순서에 따른 비교적 선명하면서도 일관된 서사를 보여주며 독특한 아름다움과 풍성한 의미를 지니고 있어 충분히 매력적인 시이기도 하다.

이 시에는 올라가고 내려가는 수직적 움직임이 규칙적으로 반복된다. 첫 연에서 "무게를 가늠할 수 없는 공룡"이 가라앉고 2연에서 "침묵의 땅"이 융기하는 하강과 상승 운동은 시 후반부 비행기의 수직적 움직임과 지상과 천상 사이를 오가는 휘트먼의 시적 비전으로 이어진다. 크레인은 이러한 수직 운동 속에 비인간적 기계 문명, 세계대전과 전쟁이 일으키는 묵시록적 공포와 함께 휘트먼으로 상징되는 구원의 가능성을 교차시킨다.

제사에서 인용한 휘트먼의 「인도로 가는 길」은 물리적 항해기 끝나고 인간이 영혼의 신성을 마주해야 하는 때가 도래했음을 알리는 시이다. 제사의 주제에 걸맞게 이 시의 화자는 마르세유나 봄베이 등 세계 각지를 돌아다닌 후 "집으로, 우리의 난롯가로" 돌아와 휘트먼의 시를 읽으며 "토종 흙"의 아름다움을 느끼고 "기중기와 굴뚝, 터널 아래"에 여전히 존재하는 "대륙의 접혀 있는 영겁"을 발견한다. 그러나 시간은 "굴절"을 일으키고 "끝없는 공간을 순환하는 그 눈먼 시련은" "결코 제어되질 않기에," 이제 화자는 "독수리"의 "전체적 날개"가 지배하는 시대, "구름 속 엔진 소리"를 듣는 시대를 마주하게 된다. 이 시대는 "사실의 영역"만이 중요하고 "행동"이 "꿈"을 대체하며 인간은 한낱 "수의 입은 원자"로 전락하는 시대이다. 5연에서 화자는 휘트먼 시의 첫 행, "오랜 시간 후 기록자들이여"를 직접 인용하면서 시적 비전의 수호자로서 휘트먼을 소환한다. 휘트먼의 눈은 자연뿐만 아니라 "교통 협곡 지하 감옥" 위에서 "미궁" 같은 "증권거래소"와 "주식 세계"까지도 지켜본다. 그의 눈은 응시하는 모든 것을 "신화"로 변화시키기에 시적 상상력으로 현대 세계를 바라보고 초월하려는 화자에게는 모방의 대상이자 영감의 원천이 된다.

크레인은 6연에서 현대 기계 문명을 상징하는 "거대한 발전소"를 집중적으로 재현한다. 6연은 "비음 섞인 전력의 울음"으로 시작하여 "윙윙 소리" 내는 발전기나 "쿵쾅대는 얼레," "덜커덕 벨트," "쪼개진 천둥의 갈라진 충돌" 같은 다양한 불협화음과 소음들로 이어지다가 "소리 없는" 침묵으로 끝난다. 시각적으로도 저녁 하늘을 배경으로 한 발전소 외양 묘사에서 시작해 발전소 내부 기계들로 초점이 바뀌고 "강철 내장"까지 드러낸 베어링의 "맹목적 황홀의 회전"을 클로즈업하며 마무리된다. 발전소 기계들은 "묶이고" "갇혀" "낄낄대며" "서로 기뻐 뭉쳐 있는" 악마적 힘을 드러내며, 크레인은 귀를 멀게 만드는 발전소 소음과 눈을 멀게 만드는 기계들의 빠른 회전을 통해 현대 기계 문명을 통제하거나 이해할 수 없는 대상으로 묘사하면서 이윤 추구를 위해 가열차게 질주하는 기술 자본주의의 비인간성과 맹목성을 가시화한다.

크레인은 이어지는 7연에서 최초로 비행기를 만들었던 라이트 형제 이야기를 다룬다. 킬 데블스 힐에서의 실험 비행은 "정복되지 않은 우주의 번득이는 시편"이자 "예언적 대본"에서 "암호들"을 솟아나게 만든 경이로운 사건이었다. 그러나 이들이 드러낸 "새로운 위도"는 "임박한 운명"의 "맹렬한 시간표"에 자리를 내어줄 수밖에 없는데, 이는 당대 최고 기술의 집약체인 비행기가 전쟁을 위한 치명적 병기로 둔갑해버린 아이러니 때문이다. 8연부터 11연은 "불타는 전쟁의 소굴"에서의 비행전을 그리고 있는데, "수류탄 꽃잎들"로 "파멸을 뿌려대는" 전쟁은 직접적인 파괴와 살상뿐만 아니라 전쟁의 폭력을 이론적으로 정당화하는 인간들이 "날카롭게 퍼붓는 원리"로 인해 이중의 상처를 남긴다. 이제 "무한"의 가장자리에서 교미하고 "예언적 대본"을 읽기 위해 하늘을 향했던 인간의 열망은 공간을 정복과 이용의 대상으로 변질시키고, 인간은 승리감에 젖어 "우주의 술"을 마셔대며 눈이 탄산처럼 하얗게 변할 정도로 속도에 취해버린다. 그 결과는 11연에 언어적으로, 시각적으로 강렬하게 구현된 비행기의 추락과 죽음인데, 폭격 속 "납으로 구멍 뚫린 동체"는 "선회하는 산화"이자 "중력의 소용돌이"가 되어 해터러스 옆 바닷가에 "무더기로 쌓인", "으깨져 형태 없는 파편"으로 해체되어버린다.

파국 이후 12연부터는 휘트먼이 남북전쟁 당시 부상자들을 돌보던 모습으로 나타나 전쟁과 죽음 이후 사랑과 부활의 비전을 제시한다. 휘트먼은 남북전쟁의 교전지 애퍼매턱스부터 1차세계대전 최악의 전쟁터 솜까지 "인간의 사악함과 형제 학

살"의 현장에서 "상처들을 감싸며" "애도하는 자"로 묘사된다. 또한 "씨앗을 산포하고" "조수를 일으키며" "형제애의 새로운 결속과 조약을 이끄는" 존재이자, 까마귀나 독수리, 앨버트로스 등 모든 새들의 비행 너머 최고의 경지로 상상력을 이끄는 자로 나타난다. 휘트먼과 함께 봄이 찾아오며, 그의 시를 읽던 화자는 다채롭게 피어나는 꽃들을 보게 되고 "천둥의 웅변"이나 덤불과 풀밭의 "나팔 소리"같이 살아나는 자연의 소리를 듣게 된다. 이제 휘트먼은 "마이스터징어"로서 "강철 속에서 호흡하며" 화자가 노래하는 다리의 "균일한 날개 사이사이에 공간을 부여하는" 뮤즈가 된다. "천상의 양식"인 휘트먼은 현대 과학만능주의를 넘어 "하나의 목소리로 고동치며 우리를 묶어주며" 베다의 지혜로써 시저의 로마 제국같이 광대한 "열린 길"을 펼쳐낸다. "의식의 지속 경로"인 "열린 길"에서는 "거대한 엔진들" 역시 "우아하게" 변화하며, 이렇듯 온전히 재생된 휘트먼의 비전 속에 "궁형의 무지개"가 떠올라 "귀신 무덤" 위로 "지울 수 없이 확실한" 희망을 약속한다. 이제 화자는 휘트먼과 손잡고 "다시 걸으며" 멈추지 말고 앞으로 나아갈 것을 다짐하며 길고도 강렬한 「해터러스곶」의 명상을 마무리한다.

V
세 편의 노래

한 쪽은 세스토스, 또 한 쪽은 애비도스라 불리지요.
—말로우1

남십자성

남쪽의 이름 없는 여인이여, 나는 당신을 원했다,
망령이 아닌 완전한 당신을— 밤을 사로잡은
남십자성은 더욱더 외로이
그녀의 코르셋을 한 겹 한 겹 들어 올린다—
높게, 차갑게,
 더 낮은 하늘나라의
서서히 연기 나는 불, 증기 서린 상처로부터
 멀찌감치 떨어져서!

이브여! 막달레나여!²
 아니면 성모 마리아, 당신?

어떻게 부르건— 헛되이 파도 위로 떨어진다.
오 유인원 비너스, 집 없는 이브여, 결혼도 못하고
정원도 없이 비틀거리며, 외로운 갑판에서
바람에 쓸려간 기타를 영원히 슬퍼하다가
마침내 하나의 무덤에서 모든 걸 채우는구나!

그리고 배 지나간 긴 인광체(燐光體) 자국,
 우리 모든 여정의
무지갯빛 자취가— 질질 비웃음을 끌며 나간다!
시선은 그 입맞춤에 무너진다. 길게 늘인 주문(呪文)이

비명을 일으킨다. 뒤로 향한 시선 위로 미끄러지며
마음은 뒤끓고 거품 뿜으며 지옥을 속삭인다.

나는 당신을 원했다⋯ 십자가의 잿불이
비스듬히 기어올라 향기롭게 움츠러든다.
그것은 떠오르는 피, 그것은
더듬거리며 돌아가는 불이다⋯ 그것은
신— 당신의 이름 없음이다. 그러곤 밀어닥치는 파도—

밤새도록 물이 당신을 검은 오만으로 빗질했다.
당신은 부글부글 끓으며 능란하게 기어 나왔다.
물이 그 따끔거리는 똬리를 두드려 몰아대고, 연습된
당신 머리카락은— 아아, 많은 손길로 길들여졌다.
그렇구나, 이브여— 사랑받지 못한 내 씨앗의 망령이여!

십자가, 환영, 뒤틀려— 여명 아래로 추락한다.
무수한 돌이 된 당신의 알들을 빛이 익사시킨다.

주해

1   5장의 제사는 16세기 영국의 대표적 극작가이자 시인인 크리스토퍼 말로우(Christopher Marlowe, 1564-1593)의 시, 「헤로와 리앤더(Hero and Leander)」에서 인용하였다.
2   성서에 나오는 막달라 마리아를 지칭한다. 막달레나는 예수의 제자이자 그의 죽음과 부활을 지켜본 중요한 증인으로서 성인으로 추앙받아 왔다. 그런데 591년 교황 그레고리오 1세가 그녀를 복음서에 등장하는 죄지은 여인과 동일시하면서 그녀를 성적으로 타락한 여인으로 보는 오해가 오랜 기간 민간에

유포되었다. 크레인은 5장 "세 편의 노래"에서 막달레나에 대한 상반된 두 가지 해석을 모두 수용하여 적극 활용한다.

해설

『다리』에는 사랑의 주제가 지속적으로 등장한다. 「아베마리아」에서처럼 신이나 동정녀 마리아에 대한 사랑이 그려지는 한편 「해터러스곶」에서와 같이 선대 시인에 대한 존경 어린 사랑도 나타난다. 「반 윙클」에서처럼 자식에게 제대로 웃지도 않는 어머니의 실패한 사랑이 있는가 하면, 「인디애나」에서 계속 자식을 기다리는 어머니의 사랑이나 「터널」의 청소부 여인같이 노동으로 가족의 생계를 책임지는 어머니의 사랑도 존재한다. 또 「커티 사크」에서와 같이 남성 사이의 애정도 있고, 「춤」의 포카혼타스와 매코케타 사이의 신화적 사랑도 존재한다. 이런 다양한 사랑의 변주 속에서 5장 "세 편의 노래(Three Songs)"는 현대 사회 남녀 간의 사랑과 욕망에 초점을 맞춘다.

첫 번째 시 「남십자성(Southern Cross)」은 5장의 제사를 발전시키며 전개된다. 제사로 인용된 시, 「헤로와 리앤더」는 헬레스폰트 해협을 사이에 두고 세스토스와 애비도스, 두 도시에 떨어져 살던 헤로와 리앤더가 해협을 건너가며 사랑을 나누다가 리앤더가 물에 빠져 죽자 헤로 역시 뒤따라 죽는 비극적 사랑 이야기를 다루고 있다. 「남십자성」은 바로 "남쪽의 이름 없는 여인"을 갈망하는 남성 화자가 마지막에 비유적으로 "익사"하는 모습을 보여주면서 현대적 맥락 속에서 제사의 내용을 이어받는다.

이 시의 화자는 남반구의 밤바다를 외롭게 항해하는 남성이며, "높게, 차갑게" 떠 있는 남십자성처럼 욕정의 "불"이나 관계의 "상처"에서 벗어난 초월적 사랑을 꿈꾼다. 그러나 한편으로 그는 자신의 사랑이 성적 매력과 "코르셋을 한 겹 한 겹 들어 올리는" 유혹의 기술을 지닌 구체적인 여성, 즉 "망령이 아닌 완전한 당신"의 모습으로 나타나기를 원한다. 이 이율배반적인 욕망을 채워줄 대상으로 화자는 이브와 막달레나, 성모 마리아를 불러보지만, 그 이름들은 "헛되이 파도 위로 떨어지고" 결국 현실 속에서 "유인원 비너스, 집 없는 이브"를 마주하게 된다. 사랑의 여신인 비너스는 원숭이 같은 동물적 모습으로 변했고, "결혼도 못한" 이브는 집도 정원도 없이 비틀거리다가 "바람에 쓸려간 기타"를 슬퍼하며 "무덤"으로 향한다. 이상적 사랑은 좌절되고 그 비전을 좇았던 화자의 여정은 "비웃음"의 대상이 된다. 무너진 "시선"과 "비명" 속에서 그의 마음은 뒤끓고 "거품 뿜으며 지옥을 속삭인다".

　　이 지옥 같은 경험은 6연에 나타나는 이브의 악마적 모습을 통해 더 생생하게 구체화된다. "부글부글 끓으며 능란하게 기어 나온" 이브는 "검은 오만"으로 머리를 빗질하고 "따끔거리는 똬리"를 튼 채 마치 메두사 같은 모습으로 나타난다. 더군다나 이브는 이미 "많은 손길로 길들여진" 문란한 여성이다. 결국 화자는 이브가 "사랑받지 못한 내 씨앗의 망령"임을 깨닫고서 그 "환영"이 뒤틀려 "여명 아래로 추락하는" 환멸을 체험한다. 그리고 메두사를 바라본 이들이 돌로 변했듯 이브의 자식인 "알들", 즉 화자를 포함한 모든 남성들은 "무수한 돌"이 되어 바다에서 익사한다.

　　「남십자성」이 초월적 사랑의 실패와 이상적 남녀 관계의 좌절을 보여준다면, 이어지는 두 번째 시 「내셔널 윈터 가든」은 정반대로 여성 육체에 대한 남성 욕망의 모순과 균열을 집요하게 탐색한다. 그리고 마지막 세 번째 시 「버지니아」는 앞선 두 시에서 나타난 여성의 모습들을 지양하고 현실적으로 가능한 사랑과 여성성을 모색하면서 앞선 두 시의 주제를 새롭게 변주한다.

내셔널 윈터 가든[1]

흐려질 수밖에 없는 눈들이 분홍 구슬에 가려진
도발적 엉덩이들을 응시하며 열렬히 키스한다‥‥
여기엔 몸뚱이를 가리는 어떤 여분의 감싸개도 없다.
이 세상은 땀에 젖은 무용수의 타오르는 뱃대끈일[2] 뿐.

그리고 다리들이 머릿속 샐러드를 뒤섞을 때
당신은 솜씨 좋게 담배 연기 속 당신의 금발 여자를 고른다.
비록 당신은 항상 다른 누군가를[3] 기다리지만, 항상—
(그러곤 연기 속에서 가장 가까운 출구로 급히 달려간다).

항상 그리고 끝으로, 마지막 종이 울리고
모든 폭죽 현란하게 터지며 어딘가 바이올린과
드잡이 둥둥 북소리 시작되기 전,
그 모두의 가장 싸구려 메아리가 시작되기 전에.

그리고 우리가 그녀를 눈보다 희다 말할 수 있을까?
루비를 뿌린 후 에메랄드 광택 입힌 그녀를—
눈물도 기쁨도 전혀 없이 (그녀가 웃는 줄 누가 알까?)
그녀가 미끄러질 때 다리 사이 사암 잿빛 얼핏 스친다.

그녀의 눈은 회전하는 젖꼭지 속에 있고,
진주 장식은 엉덩이 갈기며, 빙빙 도는 줄들은 흠뻑 젖는다.

그녀는 바보 같은 뱀 똬리 하나하나 넘기며
기어오른다― 번쩍거리는 손에 가짜 터키석 끼고서.

우리는 그녀가 몸부림치는 웅덩이를 기다린다. 진주 장식은
축 늘어져― 그녀의 배만 빼놓곤 모두 바닥에 잠긴다.
그러고선 음란하게 때려대는 마지막 낮은 북소리!
우리는 그녀의 발작을 뒤로하고 몸 없는 문으로 도망친다‥‥

그러나 당신 육체의 텅 빈 그네로,[4]
오 막달레나여,[5] 저마다 홀로 죽기 위해 돌아옵니다.
그러니 당신, 우리 욕망과 신앙의 벌레스크여, 우리를―
뼈와 아기 뼈 하나하나를― 생명으로 힘껏 끌어가 주소서.

주해

1 내셔널 윈터 가든(National Winter Garden)은 뉴욕에서 제일 유명했던 벌레스크(burlesque) 극장이다. 최초의 현대적 포르노그래피인 벌레스크는 1920년대에 외설과 예술, 고급문화와 저급문화에 관한 격렬한 논쟁을 불러일으켰다. '내셔널 윈터 가든'의 단골 고객이었던 크레인은 패서스(John Dos Passos), 어스킨(John Erskine), 커밍스(E. E. Cummings) 같은 예술가들, 다수의 언론인, 출판인들과 함께 벌레스크에 대한 도덕적 비난과 사회적 반감, 거센 폐쇄 요구에 맞서 이 새로운 대중 예술을 적극 옹호하였다.
2 뱃대끈(cinch)은 원래 안장을 얹을 때 말의 배에 졸라매는 줄이나 여자의 치마나 바지허리 위에 매는 끈을 의미하는데, 1920년대에는 '기대를 확실하게 충족시키는 물건'이라는 뜻의 벌레스크 은어로 통용되었다. 마찬가지로 2행에서 사용된 동사 "clinch" 역시 '못 박다'나 '껴안다'라는 원래 뜻이 있지만 벌레스크에서는 '열렬히 키스하다'라는 뜻으로 사용되었다.
3 "다른 누군가"는 또 다른 무용수나 극장 밖에 대기하고 있는 매춘녀, 스트리

퍼, 마지막 연에 나오는 막달레나 같은 탈육체적 존재일 수 있고, 같이 벌레스크를 관람하다 성적으로 흥분한 남성 동성애자 관객, 극장에서 만나기로 한 동성 혹은 이성의 애인일 수도 있으며, 사실 이 모든 존재들을 복수적으로 지칭할 수도 있다. "다른 누군가"가 누구냐에 따라 그다음 행의 "가장 가까운 출구로 급히 달려가는" 행위가 무엇인지 구체화되는데, 매춘녀나 애인, 혹은 다른 동성애자와 성적 관계를 위해 나가는 것인지, 급하게 자위하러 가는 것인지, 아니면 단순히 성적 흥분을 가라앉히기 위해 나가는 것인지 등 그 해석은 얼마든지 다양하게 열려 있다. 그러나 8행 전체는 괄호로 처리되어 마치 화자가 자신과 관객이 여성의 육체 때문에 얼마나 흥분하고 있는지를 독자에게만 비밀스럽게 알려준다는 느낌을 주며, "다른 누군가"와 연관된 행위가 어떤 형태로건 성적인 내용과 연관되어 있음을 암시한다.

4 그네는 벌레스크의 중요한 무대 장치이며, 주로 묘기 시 육체를 지지하는 구조물로 사용되었다. 그네는 19세기에 서커스가 벌레스크에 도입되면서 함께 소개되었고, 20세기 들어 여성의 몸을 회전시켜 남성들의 시각적 쾌감을 높이는 도구로 사용되었다.

5 크레인은 1930년 1월, 이 시의 출판 직전 페니키아의 풍요와 생식의 여신 아스타르테(Astarte)를 막달레나로 교체했는데, 이는 아스타르테가 구원의 신화와 연관되기는 하지만 막달레나처럼 타락에서 영적 순수로의 변화를 드러내지 못하고 벌레스크의 시각적 효과와도 어울리지 않기 때문이었다.

해설

 이 시는 신화적 여성을 그린 「남십자성」과는 달리 벌레스크를 배경으로 육체적인 여성을 다루고 있다. 벌레스크는 원래 다양한 노래, 춤, 묘기 등으로 구성된 오락물이었는데, 1920년대 뉴욕의 극장들이 벌레스크에 스트립쇼를 도입하면서 포르노그래피로 변질되었다. 크레인은 벌레스크를 새롭고 파격적인 대중예술이자 육체와 무의식, 금기의 영역을 아우르는 매력적인 장르로 인식하고 있었고, 이런 그의 입장이 잘 드러난 것이 바로 「내셔널 윈터 가든(National Winter Garden)」이다.
 이 시는 여성 코러스 라인이 남성 관객 앞에서 "도발적 엉덩이"를 흔들어대는 모습으로 시작한다. 벌레스크를 관람하는 화자는 여성 무용수의 다리가 "머릿속 샐러드"를 뒤섞는다고 느낄 만큼 흥분하며 몰입한다. 2연에서 "솜씨 좋게" 자신의 "금발 여자"를 고르는 2인칭 대명사 "당신"은 관객이나 화자 자신을 지칭하며, 스트립쇼가 본격적으로 진행되는 4연에 이르러 남성 일반을 가리키는 "우리"로 대체되면서 화자와 관객은 일체가 된다.
 4연 이후 무대의 초점이 되는 스트리퍼는 욕망의 대상이자 남성을 혼란스럽게 만드는 존재로 그려진다. 4연에서는 루비와 에메랄드 색깔 조명이 교차하면서 일시적으로 만들어진 백색 광원이 여성 생식기의 보기 흉한 "사암 잿빛"을 드러내는 순간까지 묘사되면서 여성 재현은 한층 더 노골화된다. 이 시에서 여성의 육체는 시종일관 파편화된 부분들로 재현되는데, 금기적 부위(엉덩이, 다리 사이, 젖꼭지, 배)와 일상적 신체 부위(다리, 금발, 눈, 손), 땀 같은 분비물, 회전이나 기어오르기, 발작 등의 신체 동작, 뱃대끈이나 분홍 구슬, 진주 장식, 터키석 등의 의상이나 장식품, 심지어 스트리퍼의 몸을 비추는 루비와 에메랄드 색깔 조명 등이 그 예이다. 극단적인 파편화를 통해 스트리퍼는 물신화되며, 육체에 대한 세부 묘사에도 불구하고 "회전하는 젖꼭지 속에" 눈이 드러나는 식의 기이한 초현실적 이미지 속에 그 실체는 사라져버린다. 이렇듯 "가장 싸구려 메아리"로 철저히 대상화되고 해체된 여성을 재현하면서 한편으로 크레인은 여성을 구원의 존재로 제시하려 한다.

7연은 스트립쇼가 끝나고 난 후 화자의 어조와 내용상의 급격한 변화를 보여준다. 2연에서 관객이나 화자 자신을 지칭하던 "당신"은 이제 스트리퍼를 가리키게 되고, 그 이전까지의 건조하고 냉소적이었던 화자의 목소리는 스트리퍼를 막달레나와 비교하며 삶과 부활에 대해 이야기하는 진지한 어조를 띠게 된다. 그는 막달레나가 타락한 창녀에서 성녀(聖女)로 변화했듯이 스트리퍼의 불결한 몸이 역설적으로 관객을 구원으로 이끄는 매개가 되기를 기대한다. 처음으로 예수의 부활을 목도한 막달라 마리아가 생명의 산파가 된 것처럼 스트리퍼 역시 인간의 동물적 에너지를 회복시켜 우리로 하여금 "생명으로" 나가도록 돕는 산파 역할을 해주기를 기원하는 것이다.

그러나 시의 마지막 부분은 죄와 구원의 기독교 신화로만 설명되지 않는 모호성이 있다. 24행에서 28행까지는 마치 벌레스크에서 다양한 공연들이 분주히 등장하고 퇴장하는 것처럼 여러 가지 움직임이 등장하는데, 24행에서 화자와 관객이 "몸 없는 문으로" 도망간 후 다음 행에서 막달레나 육체의 "텅 빈 그네로" 돌아오고, 그다음 행에서 "홀로 죽어" 사라졌다가 마지막 행에서 막달레나가 다시 이들을 "생명으로 힘껏 끌어가는" 동작들이 그것이다. 이 복잡한 움직임은 주체와 대상, 삶과 죽음의 경계를 모호하게 만들면서 여기에 수반되는 의미 역시 혼란스럽게 만든다. 이는 여성을 둘러싼 욕망 구조의 모순과 균열을 가감 없이 드러내고 독자의 문화적, 심리적 가정들을 교란하는 것이야말로 독자가 혼란스럽고 불균질한 현실을 이해하며 구원으로 나가게 돕는 것이라 믿었던 크레인의 인식과 미학적 처리 방식의 결과라 할 것이다.

버지니아

오, 일곱 시에 비 오고
열한 시엔 봉급―
계속 미소로 사장 따돌리는
메리 (뭘 할 거예요 당신?)
일곱 시 지나고― 열한 시 지나도
난 여전히 당신을 기다려요―

오, 자줏빛 스카프 두른 파란 눈의 메리,
　토요일의 메리, 내 사람아!

평범한 종들이
높이 울려대는 가락!
무수한 사람들 옆 비둘기―
그리고 굴 껍데기 옆
푸른 무화과 반짝이는
프린스 거리의[1] 봄!

오, 높은 밀 탑에서 몸 굽히는 메리,
　황금빛 머리채 늘어뜨려 주세요![2]

오월의 정오 높이
수선화 처마 장식 위로

가녀린 제비꽃 흩어지고.
주사위 노는 블리커[3] 패거리,
작은 갈기 달린 모란—
유리창에 핀 물망초.

저 위 오센트-십센트 탑에서[4] 빛나기를,
　　대성당의 메리여,
　　　　　빛나기를!—

주해

1 프린스 거리(Prince Street)는 뉴욕 맨해튼의 6번가와 바우어리(Bowery)가 사이를 동서로 가로지른다.
2 16행의 원문("Let down your golden hair!")은 "긴장을 풀고 마음 편히 즐기라"는 일상적 의미로 해석할 수 있지만 그림 형제의 동화「라푼젤(Rapunzel)」의 패러디이기도 하기에 "황금빛 머리채 늘어뜨려 주세요!"로 번역한다. 1812년 그림 형제의 초판 동화에는 라푼젤이 머리채를 늘어뜨려 왕자를 탑으로 올라오게 한 후 성교의 즐거움에 눈떠 임신하는 과정이 나타난다.
3 블리커(Bleecker)는 뉴욕 맨해튼의 8번가와 바우어리가 사이를 동서로 가로지르는 거리이다.
4 오센트-십센트 탑(nickel-dime tower)은 1913년부터 1930년까지 세계에서 제일 높은 건물이었던 뉴욕 맨해튼의 울워스 빌딩(Woolworth Building)을 지칭한다. 울워스 회사는 1970년대까지 800여 개 백화점을 운영하는 세계 최대의 유통업체였고, 적은 돈으로도 상품을 살 수 있다는 뜻의 '오센트-십센트 상점'이란 문구로 회사를 홍보하였다.

해설

이 시의 제목인 「버지니아(Virginia)」는 동정녀 마리아나 버지니아가 고향인 포카혼타스를 떠올리게 한다. 그러나 주된 묘사 대상인 메리는 신화적 여성이 아니라 뉴욕 맨해튼의 가장 높은 울워스 빌딩에서 일하는 직장인이자 처세에 능한 현실적 여성이다. 그녀는 피고용인으로서 자신의 위치를 잘 알고, 추근대는 사장도 기분 나쁘지 않게 "미소로" 따돌릴 줄 안다. 메리는 "파란 눈"과 "황금빛 머리채"를 지닌 전형적인 백인 여성이며, 토요일이면 "자줏빛 스카프"를 두른 채 "평범한 종들"이 울리고 "굴 껍데기"가 뒹굴며 비둘기와 많은 사람들로 북적이는 뉴욕 거리에서 데이트를 즐긴다.

 이전 두 편의 시가 초월적 사랑과 육체적 욕망이라는 상반된 내용을 다루고 있다면 「버지니아」는 두 극단을 절충한 현실적 사랑을 유희적 톤으로 제시한다. 동화 속 라푼젤이 왕자와 만나 사랑하게 되는 것처럼 이 시의 메리 역시 맨해튼의 "오센트-십센트 탑"에 "봉급"으로 묶여 있지만 결국은 "몸 굽혀" 사랑하는 이를 맞이할 것처럼 보인다. 또한 이전 두 편의 시가 차가운 계절을 배경으로 하는 것과는 달리 이 시는 아름다운 봄을 배경으로 연인의 로맨스가 무르익는 분위기를 자아낸다. "푸른 무화과 반짝이는" "프린스 거리"는 왕자님을 기다리는 메리의 설렘을 반영하고, 오월의 수선화, 제비꽃, 모란, 물망초 등은 화사하게 피어날 그녀의 사랑을 암시한다. 주식 시장이 "대성당"을 대체한 시대에도 여전히 "저 위" 높은 곳의 그녀를 향한 화자의 한결같은 애정 역시 그와 메리의 사랑이 실현될 것 같은 느낌을 준다. 짧고 경쾌한 이 시를 5장 마지막에 배치한 것은 좌절과 환멸 이후에도 크레인이 여전히 사랑을 꿈꾸고 그 사랑이 현실 속에서 구현되기를 희망하고 있음을 보여준다.

VI
퀘이커 힐

―――――――――――――――

나는 이상만을 바라봅니다.
그렇지만 이 지상의 어떤 이상도
충분히 성공한 적이 없습니다.
— 이사도라 던컨 1

용담은 장식 술을 엮고
단풍나무 베틀은 빨갛구나.
— 에밀리 디킨슨 2

퀘이커 힐[3]

그들의 눈에서는 결코 조망이 시들지 않는다.
그들은 삼월과 남극의 팔월 하늘을 뒤섞는
봄의 유순한 명령을 따른다.
그들은 지난해 그루터기에서 말라 죽더라도
개의치 않고 지나가는 계절을 향해 드리우는
짙은 후광을 통해 풀과 눈발, 그리고
자신의 내면을 바라보는 소들일 뿐이다.

그리고 그들은 어색하고 무거우며 부끄러움이 없다.
우리는 그들을 주시하며 과일 압착기 누르고선—
맹세와 함께 선명한 불쾌함으로
우정의 신 포도주 맛보며 가래를 참는다.
뒤바뀌는 보복은 (언제 농담이 너무 날카로워져
더 이상 친절하지 않게 되는지 누가 말해줄 수 있을까?)
가장 유쾌한 유령조차 뒤쫓으며 몰아낼 사람들, 곧
우리 자신을 우리가 얼마나 믿고 있는지를 보여준다.

그들 위론 오래된 미즌탑,[4] 궁전 같은 흰색의[5]
호스텔이 있어— 층마다 매화무늬 지붕창까지
둥그런 창들과 천장이 금욕적 높이로 쌓여 있다.
길게 늘어선 창문들은 옛 얼굴들을 응시하고—
해 질 녘 언덕 꼭대기 헐렁한 유리창들은

거미줄처럼 얽힌 고요한 인내심으로 빛난다···
단풍나무 경치 속 여전히 어떤 꿈 떠받치는
두 눈처럼 그 취소된 예약들을 지켜보라!

그들은 중앙 둥근 지붕 높은 곳에서 시선 하나로
세 주의 경계를 가로지른다 말한다.[6]
그러나 나는 아무도 말하지 않는 네 개의 지평선에서
죽음이 천천히 둘러보고 응시하는 걸 보았다···
주말에 사람들은 잔디에서 얻는 승점이 탐나
철도 신호기에서 세 시간이나 떨어진 이곳으로
격자무늬 바지 둘 셋씩 차려입고 골프 황제 되어
곤두선 골프채와 여송연 가지고서 하차한다.

여기는 약속의 땅이었고, 여전히 그러하다,
할리우드의 새로운 연애극 퍼레이드에 맞춰
쉬잇 거품 이는 진 돌리는
밀주 여관의 언변 좋은 교외 토지 중개인에게는.
오래된 만남의 집(지금은 뉴 애벌론 호텔) 라디오에서
퀘이커 동지들을 바라보던 어떤 쥐들도 듣지 못했던
기운찬 폭발음이 새롭게 포효하며
위세 좋은 이들을 반긴다.

역사는 끄트머리에 얼마나 교활한 이웃을 달고 있나!
퍼위츠키가[7] 아담의 경매에서
단돈 구십오불에 사들인 오래된 성찬대를
쥐며느리가 저당 잡고서— 봉인과

고색창연한 노처녀 광택제를 먹어버린다···
누가 시간과 불명예의 임차인인가?
무엇이 이곳저곳 도안을 파먹나?
내 혈족과 원로 무리는 어디에 있나?

물러난 죽은 자들의 무리가 주인 행세한다.
죽은 공격대원들은 눈 위에서 위로의 피 흘렸다.
그러나 나는 살해된 이로쿼이족에게[8]
머리 가죽 벗겨진 양키들이[9] 갈 줄 알았던 것보다
더 멀리 나를 인도해 달라고 요청해야 한다.
끊어진 가문의 저주를 짊어지고
버치 힐에서 운전해 오는 우체부를 기다려야 한다.
갈취한 상속권 지닌 채, 채워야 할 새로운 운명
펼쳐내는 형편없는 페이지 지닌 채로····

그러니 매만지는 모든 것에 대한 사랑을 해석하기 위해
우리는 멀리 뻗은 매의 시선에서 벌레의 눈으로 내려가,
그의 소식은 이미 알려졌는데 너무 늦게 깨달은
손님처럼 겸손히 그 사랑 지니고 문을 나서야 한다.
그렇다, 가슴이 찢어져도 일어나라—
그렇다, 이 먼지 다발에 네 혀를 대라!
마지막 삼종기도 속에 고동치는 목청을 높여라—
에밀리가, 이사도라가 알았던 고통의 고요한 음표로써

연금술처럼 변화하는 침묵을 들어라!
이슬 맺혀 높이 솟은 희미한 느릅나무 성단(聖壇)에서

세 가지 선율의 달빛 악구 흐를 때—
그렇다, 가난의 채찍 의지가 놀란 심장 벗겨내며
우리를 부수고 구원한다, 그렇다, 가슴이 찢어져도
인내로써 갑옷 만들어—사랑이 끝을 예감할 때
절망으로부터 사랑을 지켜낸다—
가을 잎 뒤 잎이
   떨어진다,
     내려가라—
       내려가라—

주해

1 첫 번째 제사는 미국의 무용수 이사도라 던컨(Isadora Duncan, 1878-1927)의 말을 인용하였다. 던컨은 기존 발레의 형식성을 과감히 탈피한 '자유 무용'을 창시하여 본격적인 현대무용의 개막을 알린 선구자이다. 크레인은 1922년, 클리블랜드에서 던컨의 공연을 관람한 후 크게 감명받아 그녀의 팬이 되었다.

2 두 번째 제사는 「여름의 장례식(Summer's Obsequies)」이란 제목으로 알려진 에밀리 디킨슨(Emily Dickinson, 1830-1886)의 시에서 인용하였다. 디킨슨은 죽음이나 고통, 상실 등 형이상학적이고도 심리적이며 추상적인 주제를 누구보다 깊이 있게 다룬 시인이며, 인용된 시 역시 계절의 변화와 시간의 불가역성, 삶과 죽음의 교차 등을 압축적으로 전달한다. 크레인은 1927년에 발표한 「에밀리 디킨슨에게(To Emily Dickinson)」라는 시에서 "진실로 어떤 꽃도 아직까지 당신 손에서 시든 적 없습니다"라고 적으며, 그녀의 시가 "온통 눈물로 덮인 진흙처럼 차가운 언덕"에서 소원한 마음들을 화해시키는 "풍요로운 수확"이라고 표현하며 그녀에게 지극한 애정과 존경을 표현한다.

3 퀘이커 힐(Quaker Hill)은 뉴욕주 북부에 위치한 마을로, 원래 퀘이커들이 살던 곳이었으나 세월이 흘러 1881년 이후 상업적 리조트가 되었다. 퀘이커교는 1647년 영국의 조지 폭스(George Fox)가 창시하였고, 신도들이 하느님의

계시를 받을 때 몸을 떠는 모습에서 '떨다(quake)'라는 뜻의 퀘이커교 명칭이 유래되었다. 비국교도였던 영국의 퀘이커들은 청교도 혁명 이후 박해가 심해지자 17세기 후반, 이상적 신의 나라 건설을 꿈꾸며 '약속의 땅' 미국으로 이주하였다. 이들은 초기 정착기부터 남녀평등이나 미국 원주민과의 우호적 관계를 주장하고 노예제와 전쟁을 반대하며 진보적 사회 운동을 적극적으로 주도하였다. 이런 역사로 인해 미국 사회에서 퀘이커들은 오랫동안 정의, 평등, 평화, 정직 등 이상적이고도 긍정적인 가치의 대변자로 인식되었다.

4   미즌탑(Mizzentop)은 19세기 후반에서 20세기 초반까지 퀘이커 힐에서 영업했던 호텔이다. 1881년 개관한 미즌탑 호텔은 다양한 서비스를 제공하는 지역 최고의 명소였으며, 대다수 도시 투숙객을 위해 철도와 연계된 마차 서비스를 제공하였다. 그러나 20세기 들어 자동차가 빠르게 보급되자 철도와 연계된 리조트 산업은 사양길로 접어들었고, 미즌탑 호텔 역시 1932년 문을 닫게 되었다.

5   흰색(white)은 빛깔을 의미하기도 하지만 1920년대 몰래 제조·유통되던 술, 진(gin)을 뜻하기도 한다. 이런 면에서 흰색은 5연의 "쉬잇 거품 이는 진 돌리는 / 밀주 여관"과 연결되어 퀘이커 힐이 밀주 판매가 이뤄지던 리조트 타운이었음을 암시한다.

6   미즌탑 호텔 꼭대기에서는 세 개 주(뉴저지주, 펜실베니아주, 코네티컷주)의 경계가 보인다.

7   퍼위츠키(Powitzky)는 크레인이 뉴욕주 패터슨에 거주할 때의 이웃 이름이기도 하다.

8   이로쿼이족(Iroquois)은 북아메리카, 특히 뉴욕주에 많이 거주했던 토착 인디언 부족이다.

9   양키(Yankee)는 미국 북동부에 거주하는 백인을 의미하며, 남북전쟁 중에는 북부 사람 전체를 지칭하기도 했다. 현재 양키는 미국 뉴잉글랜드 지역의 문화적 특성을 공유하는 사람들을 일컫는다.

해설

1929년 크리스마스 다음 날 쓴 편지에서 크레인은 『다리』 집필의 마지막이 될 「퀘이커 힐(Quaker Hill)」을 완성했으며, 이 시가 시집 전체로 보면 하나의 '악센트 기호' 역할을 한다고 말한다. 그의 말대로 이 시는 미국의 꿈과 현실을 다루고 있는 선명한 '악센트 기호'이며, 퀘이커 힐은 미국의 과거와 현재, 이상의 현주소를 알아보는 구체적 배경이자 상징으로 제시된다.

뉴욕주에 위치한 퀘이커 힐은 18세기 후반 퀘이커들이 "만남의 집"을 중심으로 모여 동질적이면서도 활발한 공동체를 일구었던 곳이다. 그러나 자체 우체국을 운영할 정도의 규모를 자랑하던 공동체는 20세기 들어 "곤두선 골프채와 여송연"을 들고 "골프 황제"처럼 방문하는 관광객들의 리조트로 변신한다. 퀘이커들의 "오래된 만남의 집"은 "뉴 애벌론 호텔"로 바뀌고, 그들의 성찬대는 "쥐며느리가 저당 잡고서" 갉아 먹어버린다. 퀘이커들이 꿈꾼 믿음과 사랑에 기반한 공동체는 자취를 감추고, "약속의 땅"에 대한 비전 역시 할리우드식 "새로운 연애극 퍼레이드"에 자리를 내어준다. "역사는 끄트머리에 얼마나 교활한 이웃을 달고 있나!"라는 크레인의 한탄처럼 상업적 이익과 물질적 이해관계가 지배하는 세상에서 "약속의 땅"이란 슬로건은 "밀주 여관의 언변 좋은 교외 토지 중개인"에게나 의미 있을 뿐이다.

시인은 이제 신화가 되어버린 사라진 원주민, "살해된 이로쿼이족"에게 자신을 인도해주길 간구하고, 더 나아가 자신이 "끊어진 가문의 저주"를 짊어지고 "갈취한 상속권"과 "형편없는 페이지"를 지닌 채 "새로운 운명"을 개척해야 한다는 것을 깨닫는다. 이제 시인은 "가슴이 찢어져도 일어나라", "이 먼지 다발에 네 혀를 대라"라는 치열한 자기 주문과 함께 그가 사랑하는 두 예술가, 에밀리 디킨슨과 이사도라 던컨처럼 "고통의 고요한 음표"로써 "연금술처럼 변화하는 침묵"을 들으려 한다. 크레인에게 있어 던컨이 "이 지상의 어떤 이상도 충분히 성공한 적이 없지만" 그래도 여전히 "이상만을 바라보는" 비타협적 이상주의자라면, 디킨슨은 시간이 몰고 오는 변화와 죽음을 창조의 원동력으로 바꾸어낸 역설의 뮤즈이다. 그는 디킨슨이나 던컨처럼 "매만지는 모든 것에 대한 사랑"을 해석하고 "절망으로부터 사랑을 지켜내기" 위해 겸손하게 "벌레의 눈으로 내려가기"를 선택한다. "내려가기"는 "고통의 고요한 음표"로 침묵을 들으려 하는 시인이 반드시 거쳐야 하는 경험, 즉 부서지더라도 구원을 믿고 가슴이 찢어져도 인내하면서 마치 가을 잎이 자연스레 떨어지듯 자신을 비우는 과정을 의미한다.

이렇듯 치열한 성찰과 창조적 열망을 담고 있기에 「퀘이커 힐」은 사라진 과거에 대한 상실을 다루더라도 감상성에 빠지지 않고 그 사색적 힘을 끝까지 유지한다. 일관된 비가(悲歌)적 어조에도 불구하고 「퀘이커 힐」의 언어는 『다리』의 다른 시들과 마찬가지로 감각적이고 생생하며 현상 이면의 본질을 꿰뚫는 예리함을 지니고 있어 작품에 일관성을 부여할 뿐만 아니라 마지막 「터널」과 「아틀란티스」로 나가기 직전에 확실한 '악센트 기호'를 만들어준다.

VII
터널

서녘의 길 찾기 위해
분노의 문을 곧장 통과한다.
―블레이크1

터널

상연들, 여러 종류 공연들, 요약문들—
타임즈 스퀘어에서 콜럼버스 서클까지[2]
모임들, 매일 밤 만남들, 천 개 극장의 굴절된
빛과 얼굴들— 알 길 없는 식당들 사이로 길을 트며
불빛이 흐르고·····당신은[3] 그 모두를 찾을 것이다.
언젠가 당신은 유명 장면 하나하나를 암기하고선
지옥의 분노 속에[4] 막이 오르는 걸 볼 것이다.
당신은 3막에서 정원이 죽어버린 것을[5] 알게 되고
무릎 쓸어내리며— 차라리 침대에 누워 편안히
타블로이드[6] 범죄 면이나 보길 바랄 것이다.

    그다음 모자 집어 들고
    떠나라.
    언제나처럼— 당신도
    걸어 내려가며— 위로 올라가는
    열두 명을 향해
    시간이 파괴하는 것을 위한
    구독형 찬사를 외쳐보아라.

당신은 승차하기로 완전히 마음먹지 않았나?
L[7] 밑으로 열 블록 정도 신나게 걷는 게
더 나은가? 하지만 당신은 펭귄처럼

팔 구부릴 준비하는 자신을 보게 된다—
늘 그렇듯 당신은 열린 바닥 구멍 만날 것이고
지하철은 입 벌려 가장 빠른 귀가를 약속한다.

이제 환하게 불타는 스퀘어와 서클을 벗어나
모여드는 떼거리 사이로 헤엄치기 위해 최소가 되어라.
당신 오른쪽에 회전하는 유리문을 피하라.
그곳에 잠깐이라도 홀로 갇히게 되면, 공포스런 눈으로—
전혀 준비되지 않은 채 다시 맨빛으로 내던져진다.
그러면 회전문 옆 개찰구에 동전을 밀어 넣어라.
벌써 벨소리가 덜컹거린다.

   그래서 당신은
   도시를 말한다
   거리와 강 아래를 흐르는
   지하철을···· 객차 안에는
   지하 움직임의 배음(倍音)이 있고,
   그 단조로운 움직임의 소리는
   역시 지하에 있는
   다른 얼굴들의 소리이다—

"지미야 연필 좀 줘— 지금
플로럴 파크에[8] 산다고
플랫부시[9] 말이야— 7월 4일에—
멍한 비둘기 꿈처럼— 밭에서 파낼
감자— 마을 여행하면— 또—

밤마다— 컬버 라인[10]— 잘 차려입은
여자애들— 그랬었지—"

우리의 혀는 두들겨 맞은 풍향계처럼 움츠러든다.
이 대답은 푸른 녹처럼, 뼈의 정지와
멸종을 넘어선 머리카락처럼 살아남는다.
그러고선 반복은 얼어붙는다—"뭘

"뭘 원해? 골프장에서 기운 빠졌어?
헛소리 마, 아빠, 잔돈 달라고 하지 마— 여기
14번가 맞아? 그녀가 여섯 시 반이라고 했어—
내 구멍이 싫다면서
왜 흔들었어, 왜
그걸 흔들었냐고
도대체—"

      그리고 어쨌든 여하튼 흔들린다—

뇌 속의 지옥 축음기는 스스로 되감는 터널,
그리고 사랑은 소변기 안으로
미끄러지듯 빨려 들어가는 불 꺼진 성냥개비—
뭔가 새로운 고통의 전조 털어내려면
14번가 어딘가에서 급행 전철 타도록—

"하지만 난 이 사무실에서 서비스를 원합니다 서비스를
나는 말했지— 쇼가 끝난 후

그녀는 나중에 약간 울었지 그렇지만—"

불룩한 손잡이에서 누구의 머리가 흔들리고 있나?
누구의 몸이 부식된 레일 따라 연기 내며
뇌의 틈새 후면 갈래 먼 뒤
불붙은 다발로부터 터져 나오나—
마음의 교통 균열 저 먼 뒤
쪼개진 토막에서 뿜어 나오나…?[11]

그리고 나는 왜 여기서 때때로 당신 모습을,
마노 등불 같은 당신 눈을— 잇따르는
치약과 비듬 광고 아래에서 만나야 하나?
—그리고 그들 눈이 씻지 않은 접시처럼 달리고,
그 질주하던 눈이 당신 옆구리 관통했었나?
그리고 죽음은 높이 솟아— 거대하게 아래로
당신 뚫고 지나— 나를 향한다, 오 영원히![12]
그리고 그들이 그날 밤 볼티모어에서 당신의
구토하는 몸, 흔들리는 손을 잡아끌고 갔을 때—
결선 투표하는 마지막 그 밤에
당신은 떨며 표 찍기를 거부했었나, 포우?[13]

그레이브젠드 영지로 가려면 체임버스 거리에서 갈아타라.[14]
승강장이 서둘러 나아가다 딱 멈춰 선다.

에스컬레이터가 신발, 우산, 그리고
자신의 신발 바라보는 눈들의 세레나데를

작정하고 조용히 들어 올린 후
갑자기 비 쏟아지는 위에 거리 어딘가로
순식간에 내쫓아버린다‥‥ 반복되는 벨소리.
팔꿈치와 레버, 승무원과 쉭쉭대는 문.
여기 아래에선 전류열이 천둥 친다‥‥ 객차가
멈춘다. 전차는 돌고, 굽히며 비명 지르고,
강 밑으로 잠수하기 위한
마지막 단계로 진입한다―
그리고 전보다 약간 더 빈 채로
덜컹 움직이는 순간 발광하며 등을 굽힌다. 그러고선
자 가자‥‥ 바닥 모퉁이 쪽으로
신문지가 날다 회전하다 날아간다.
텅 빈 창문들이 굉음을 가르며 신호를 내뱉는다.

그리고 그 악마가 불법체류 청소부,
머리 동여맨 당신 역시 집으로 데려가나?
복도 쓸고 침 뱉는 통 치운 다음―
이제 황량한 하늘 막사는 깨끗이 비었다.
오 제노바인이여,[15] 당신은 어머니의 눈과 손이 되어
집의 아이들과 황금빛 머리카락으로 돌아가는가?

악마여, 파란 많은 항변의 찢어진 아가리여!
울부짖는 환희는 누구의 흉측한 웃음인가
― 아니면 태어나는 하루의 입 막은 살해인가―
빛나며 가라앉는 세계를 향해 더듬이 세우고
동트기 직전 여명에 오 잔인하게 접붙여―

가장 나이 많은 별의 희미한 말투보다
더 많은 유음(流音)을 우리에게서 파내,
뛰어드는 바람 중심의 의식 묶어
탯줄이라 부르며— 곧장 죽여버린다!

오, 검댕과 증기 아래 푼돈처럼 붙잡혀
그대는 우리 고뇌의 입맞춤 모아 응축시키며
모든 것 받아들이니— 날카로운 신경절은
우리가 지켜내지 못한 어떤 노래에 감응한다.
그러곤 여전히 나사로처럼[16] 기울기 느끼며
뗏장과 파도 부수고— 땅을 들어 올려
—사라지지 않을 어떤 말씀과 함께 멈추지 않고
바닷소리 굽어들며 하늘로 올라탄다⋯!

　　　　　·　　·　　·　　·

예인선, 헐떡이는 증기 소용돌이가
강을 뚫고 거스르는 전기 경적 울림과 함께 돌진한다.
나는 하나하나 모여드는 메아리를 헤아렸고
부두에서 더듬거리며 한밤을 찾았었다.
불빛이 연안을 따라 바다에 기름진 고막을 남겼다.
어둠이 어딘가에서 하늘의 유리를 둥글게 잘라내었다.
그리고 오 나의 도시여, 나는 똑딱대는 고층 건물
똬리에서 내던져져 그대의 이 항구 아래로 달려왔다⋯
내일, 그리고 존재하기 위해⋯ 여기 동쪽 강[17] 옆으로—
여기 물가에선 손들이 기억을 떨어뜨린다. 그것들은
헤아림 없이 그림자 없이 심연에 누워 있다.

별은 얼마나 멀리까지 바다에 고여 있을까—
아니면 손들은 끌려가 죽게 될까?

그대는 우리 고뇌의 입맞춤을 모은다,
  오 불의 손이[18]
    모은다—

주해

1 7장의 제사는 영국의 낭만주의 시인 윌리엄 블레이크(William Blake, 1757-1827)의 시, 「아침(Morning)」의 첫 두 행을 인용한다. 이 시는 분노의 문을 통과한 후 자비로써 회개하고 승천하는 화자의 여정을 그리고 있다.
2 타임즈 스퀘어(Times Square)는 미국 뉴욕시 맨해튼의 브로드웨이와 7번가가 교차하는 지점에 위치한다. 콜럼버스 서클(Columbus Circle)은 맨해튼의 브로드웨이와 54번가가 교차하는 지점에 위치한 회전교차로이며, 1892년 제작된 교차로 중앙의 콜럼버스 동상에서 이름을 따왔다. 타임즈 스퀘어와 콜럼버스 서클을 잇는 브로드웨이는 뮤지컬 극장과 연극 공연장들이 밀집해 있는 맨해튼의 대표적 명소지만, 1900년경부터 1980년대까지는 대규모 불법 성매매업의 중심지로 악명 높은 곳이기도 했다.
3 "당신(you)"은 여기에서 대도시 군중을 지시하는 대표 단수이다. 19세기 들어 새로이 등장한 도시 군중은 역사와 함께 군중에서 시민으로, 시민에서 소비 대중으로 변천을 거듭하면서 지속적인 문학적 재현의 대상이 되었다. 대도시의 압도적 군중은 이를 목격한 예술가들에게 공포, 소외, 두려움, 혐오를 불러일으키거나, 보들레르에게서 나타나듯 놀라운 활력과 즉각적 흥분, 덧없는 쾌락, 새로운 정체성을 제공하였다. 이러한 전통의 연장선상에서 크레인은 대도시 군중의 우연적이면서도 비개인적인 속성을 지하철 이동을 통해 집중적으로 형상화한다.
4 "지옥의 분노 속에(in hell's despite)"라는 표현은 블레이크의 시, 「흙덩이와 조약돌(The Clod and the Pebble)」의 마지막 행, "그리고 천국의 분노 속에 지옥을 짓는다(And builds a Hell in Heaven's despite)"를 패러디한 것이다.

5   "정원이 죽어버린 것"이란 표현은 역사에 의해 파괴되어 버린 이상과 비전의 세계를 암시한다. 동시대 엘리엇(T. S. Eliot)의 『황무지(The Waste Land)』에서도 "죽은 자들의 정원(the garden of the dead)"이라는 표현이 나온다.

6   타블로이드는 작은 크기의 신문 판형을 지칭하며, 객관적이고 중립적인 보도 대신 흥미 위주의 기사를 다루는 대중지의 보도 스타일을 의미하기도 한다.

7   L은 통신 기반 열차 제어 시스템을 사용한 최초의 뉴욕시 지하철 노선이며, 맨해튼의 첼시 8번가에서 브루클린 자치구의 카나시(Canarsie) 사이를 운행한다.

8   플로럴 파크(Floral Park)는 뉴욕시 퀸즈 자치구와 롱아일랜드의 나소 카운티 경계에 위치한 지역이다.

9   플랫부시(Flatbush)는 뉴욕시 브루클린 자치구에 위치하며, 20세기 초 지하철 개발로 뉴욕 도심과 연결되면서 인구 증가와 많은 변화가 있었던 지역이다.

10 컬버 라인(Culver line)은 브루클린 자치구 중심부인 디트머스 애비뉴(Ditmas Avenue)에서 코니 아일랜드(Coney Island)까지 이어지는 전철 노선이다.

11 12, 13연에 등장하는 포우(Edgar Allan Poe, 1809-1849)는 19세기 미국의 대표적 시인이자 소설가, 평론가이다. 그는 탐정 소설 분야를 개척하고 미 형식의 중요성을 강조하는 독창적 평론을 쓰면서도, 자신의 가장 깊은 열망과 이상만큼은 시를 통해 표현하려 했다. 그의 많은 시들은 잃어버린 아름다움이나 이루기 힘든 사랑을 다루며, 이는 포우의 민감하면서도 낭만적인 기질과 평생 그가 경험했던 많은 죽음과 상실의 체험에서 연유한다. 그의 미학 이론과 언어 실험은 후에 보들레르나 말라르메 같은 프랑스 시인들에게 영향을 주어 현대 상징주의를 태동시켰다.

12 "오 영원히!(O evermore!)"는 포우의 시, 「갈가마귀(The Raven)」에서 사용된 유명한 후렴구이다.

13 포우는 1849년 10월 3일, 의식 불명 상태로 볼티모어에서 발견되어 나흘 후 사망하였는데, 발견 당시 자신의 것이 아닌 옷을 입고 비참한 몰골이었기에 사람들은 포우가 당대 횡행하던 선거 사기에 연루되어 폭력배들에게 끌려다니다가 사망한 것으로 추측하였다.

14 그레이브젠드 영지(Gravesend Manor)는 뉴욕 브루클린 자치구에, 체임버스 거리(Chambers Street)는 맨해튼에 위치한 지하철 정거장들의 이름이다.

15 제노바인(Genoese)은 이탈리아 제노바 출신 사람을 일컬으며, 이전 행에서 나온 불법체류 청소부(wop washerwoman)를 지칭한다. 청소부를 수식하는

'wop'이라는 단어는 이탈리아계 불법체류자들을 비하할 때 많이 사용된다.

16 나사로(Nazarus)는 죽었다가 예수에 의해 다시 살아난 기적의 인물이다. 신약성서 「요한복음」 11장에는 예수가 이름을 부르자 손과 발이 베로 묶이고 얼굴은 수건으로 감긴 나사로가 무덤에서 나오는 장면이 등장한다. 크레인은 지하철이 동강(East River) 밑 터널을 지나 지상으로 나오는 모습을 나사로의 부활에 비유한다.

17 "동쪽 강(the River that is East)"은 맨해튼과 브루클린 자치구 사이로 흐르는 동강(東江)을 지칭하며, 브루클린 다리는 바로 이 동강 위에 건설되었다.

18 "불의 손(Hand of Fire)"은 1장 「아베마리아」 마지막 행에 나오는 표현이다. 크레인은 콜럼버스의 기원을 20세기 초 뉴욕으로 소환하여 과거와 현재 사이의 연속성과 차이를 함께 보여준다.

해설

「터널(The Tunnel)」은 화자가 지하철을 타고 맨해튼 중심부에서 출발하여 동강(東江) 밑 터널을 지나 브루클린에 다다르는 여정을 다룬다. 많은 비평가들은 「터널」을 『신곡』의 연옥편과 비교했으며 지하철 이동을 전통적 서사시에서의 하계(下界) 여행으로 해석했다. 크레인은 이런 고전적 구도에 20세기 뉴욕이라는 현실 공간을 결합하여 현대 세계의 절망과 고립, 소외를 성공적으로 그려낸다.

「터널」은 뉴욕 브로드웨이로 몰려드는 군중에 대한 묘사로 시작한다. "당신"으로 호명된 대도시 군중은 오락이나 여흥을 쫓아다니거나 침대에 누워 "타블로이드 범죄 면"이나 보는, 수동적이면서도 공허하며 말초적 감각만 발달한 존재이다. 이 "당신"은 3연 들어 추운 겨울 지하철을 탈까 말까 고민하다가 결국 펭귄처럼 팔 구부리며 "가장 빠른 귀가를 약속하는" 지하철에 승차한다. 타임즈 스퀘어와 콜럼버스 서클의 군중을 헤치고 가던 화자도 자신을 "최소"로 축소시켜 지하철로 들어가며, 집으로 돌아간다는 것 외에는 어떤 일치된 목적도 없는 다수의 승객과 함께 탑승한다. 화자는 지하철 이동 중 다양한 사람들을 만나는데, 이들 모두는 하나같이 사물처럼 혹은 환영처럼 나타났다 사라진다. 이는 도시 경험의 우연적 성격에서 기인하며, 승객들의 파편적 발화는 이를 단적으로 보여주는 예이다. 승객들이 구사하는 미완성의 짧은 문장들은 대화 당사자들이나 이를 수동적으로 듣고 있는 화자에게 아무런 의미를 전달하지 못한다. 크레인은 지하철에서의 대화가 자신이 "밤늦게 귀가하면서 손잡이 잡고 흔들거리며 적은 노트와 단상들을 수술하듯 기묘하게 짜깁기한 것"이라고 말한다. '수술'이라는 표현이 암시하는 것처럼 승객들의 발화는 자연스러운 언어로부터 잘려 나간 파편들이며, 이렇듯 분절되고 와해된 언어를 재현함으로써 크레인은 대도시 군중의 실체에 구체적으로 다가선다.

그런데 이 파편적 발화 중 유독 성관계를 다루고 있는 8연과 11연만은 예외적으로 또렷하게 의미를 전달한다. 8연은 한 여성이 자신과 성관계를 한 상대방에게 쏟는 분노의 말이고, 11연은 여성에게 성관계를 강요했던 사건을 이야기하는 남성의 대화이다. 발화의 주체와 문맥이 다름에도 불구하고 두 연은 공통적으로 대도시에서의 성의 타락과 오용을 보여준다. 8연의 발화자는 자신의 성기를 "구멍"이라고 표현한다거나 성교 중에서도 특별히 난교를 의미하는 "swing"이라는 단어를 사용하는 것으로 보아 성적 무질서에 노출된 교육 수준이 낮은 여성이다. 이에 반해 11연의 목소리는 지배적이면서도 권위적으로 상대방에게 성관계를 요구하며 이를 "서비스"로 표현하는 것으로 보아 실질적으로 또 언어적으로 권력을 행사하는 위계적 조직 내의 남성으로 보인다. 두 발화의 어디에서건 이성 간의 정서적 교감은 없으며 지속되는 열정 역시 찾을 수 없다. 성관계는 하나의 "서비스"이자 "쇼"에 불과하고, 사랑은 공격하고 정복해야 하는 육체에 대한 욕망일 뿐이다. 대도시에서의 이와 같은 성의 오용과 타락을 두고 크레인은 "사랑은 소변기 안으로 미끄러지듯 빨려 들어가는 불 꺼진 성냥개비"라고 표현한다.

「터널」의 전반부가 사랑의 실종과 성의 타락을 통해 현대인의 단절과 고립을 보여준다면, 「터널」 후반부는 현대 문명의 기능적 효율성 이면에 숨겨진 비인간성과 반생명성을 드러낸다. 시인은 "전류열"을 방출하는 지하철의 각종 기계음들, 바퀴 소리, 문이 열리고 닫히는 소리, 급회전 소리, 벨소리 등을 "천둥"이나 "비명"에 비유하고, 그 놀라울 정도의 빠른 움직임을 "악마"의 "발광"으로 묘사한다. 지하철은 탯줄을 막 뗀 어린아이를 죽이듯 하루가 "동트기 직전" 질식시켜 죽이는 살인자로 표현되며, 크레인은 여기에 시인 포우와 "불법체류 청소부"를 등장시켜 도시 문명의 심부에서 진행되는 광기와 절망을 구체화한다.

12, 13연에 등장하는 포우는 미국문학 최초로 무의식의 지하 세계와 도시 군중에게서 느끼는 공포나 두려움을 다루었던 작가이다. 포우는 기계가 인간의 몸과 마음을 분리하고 생산장치의 일부분으로 전락시키는 것을 비판하였고, 그런 면에서 12연에서 몸과 머리가 분리된 채 기괴한 모습으로 지하철을 떠도는 존재로 나타난다. 또 13연 들어 "치약과 비듬 광고 아래" 나타나는 "마노 등불 같은" 포우의 눈은 범람하는 상업주의와 기계문명 속에 명멸하는 낭만적 상상력을 상징한다. 화자는 포우가 폭력배들에게 끌려다니며 볼티모어 부정선거에 동원되었다가 사망한 사실을 떠올리는데, 이는 금권과 폭력이 난무하는 도시에서 시적 상상력이 얼마나 쉽게 깨어지고 부서지기 쉬운 것인지를 보여준다. 포우와의 만남은 이렇듯 고전적 서사시의 사자(死者)와의 만남의 현대적 변형이자 대도시 기계문명에 대한 위기의식과 비판이 드러나는 대목이다.

이러한 비판적 시선은 이탈리아계 불법체류 청소부가 나타남으로써 한층 강화되는데, 이 청소부는 정식 이민자 외에도 밀입국자나 불법체류자 등으로 급격한 인구 팽창이 일어나던 20세기 초 뉴욕의 인종적·계급적 다양성을 반영한다. 화자는 신문지들이 날아다니는 지하철의 복도와 침 뱉는 통을 치우는 청소부에게 그녀가 "어머니의 눈과 손이 되어" "집의 아이들"에게 돌아갈 수 있는지, 즉 그녀의 노동이 가정을 지킬 정도의 안정성을 제공하는지를 묻는다. 포우의 등장이 냉혹한 기계문명 속에서의 시적 가능성을 질문하게 했다면, 이 불법체류 여성 노동자는 자본주의 사회 내 최약체의 생존 가능성을 묻게 만드는 것이다.

이 시의 화자는 포우나 청소부처럼 "검댕과 증기 아래 푼돈처럼 붙잡혀" 살지만, 지하철이 "고뇌의 입맞춤"을 모으고, 응축하고, 모든 것을 수용하여 "날카로운 신경절" 속에 노래를 담아내듯 자신의 고통과 절망, 죽음을 수용하고 극복하면서 부활한 나사로처럼 기적적 갱생을 경험한다. 강 밑 터널을 지나던 지하철이 "뗏장과 파도 부수고" "땅을 들어 올려" 하늘을 향해 치솟으며 지상으로 탈출하는 순간, 화자 역시 "사라지지 않을 어떤 말씀"을 발견하면서 거듭나게 되는 것이다. 이 "말씀"은 초월적 기호이자 영원성의 상징이면서 영적, 창조적 구원의 표지이다. 이 "말씀"을 발견한 후 화자의 어조는 갑작스럽게 변화하며,「터널」의 마지막 부분은 바로 이 변화된 화자의 모습을 그리고 있다.

이제 화자는 지하철에서 나와 브루클린 쪽에서 강과 도시를 조용히 바라보는 모습으로 나타난다. "전기 경적"이 요란하게 울리고 "기름진 고막"이 떠 있는 부두에서 화자는 "하나하나 모여드는 메아리"를 헤아리면서 자신의 변화와 구원의 가능성을 발견한다. 따라서 "오 나의 도시여"라는 표현은 절망의 영탄이 아니라 화자의 변화와 깨달음을 동반한 외침이면서, "똑딱대는 고층 건물 똬리"를 헤치고 현실의 중압을 견뎌낸 화자가 도시의 구원과 미래를 확신하며 내뱉는 희망의 부름이다. 마지막 연에서 화자는 「아베마리아」에서 콜럼버스가 외쳤던 "오 불의 손"을 반복하는데, 이는 화자가 콜럼버스처럼 호된 시련을 극복하며 구원의 비전과 시적 창조력을 회복하리라는 것을 암시한다. 물론 화자는 마지막까지 "손들은 끌려가 죽게 될까?"라며 의심과 망설임을 보이지만, 결국 "고뇌의 입맞춤"과 불로 정화된 손이 받아들여지리라는 희망으로 끝을 맺는다. 이렇듯 지옥 같은 현대 도시의 심부를 거쳐 화자는 자신과 세계에 대한 새로운 인식으로 거듭나게 되며, 현실의 고통과 시련을 뚫고 얻어낸 화자의 깨달음은 이어지는 「아틀란티스」의 한껏 고양된 현대문명의 찬양으로 발전하게 된다.

VIII
아틀란티스

음악은 조화와 체계 속에서
사랑과 관계 맺는 지식이다.
―플라톤

아틀란티스[1]

묶인 케이블 가닥 사이 궁형(弓形)의 길 위에
빛으로 방향 틀며 현(絃)들이 비상한다—
팽팽히 좌우로 움직이는 수 마일의 달빛은
강철선의 텔레파시, 그 분망한 속삭임을 끌어당긴다.
밤의 색인(索引) 위로 화강암과 강철이—
투명한 그물망이— 티 없이 반짝이는 시구(詩句)가—
무녀들의 목소리가 어른거리다 너울대며 흐른다
마치 현들이 신을 낳기라도 하듯이‥‥

그리고 그 줄로 부름을 엮어
아래 흐르는 모든 조류를 아우르는 하나의 호(弧)—
미로 같은 역사의 입들은 마치 바다의 모든 배들이
활기찬 숨결로 함께 소리내어 맹세하듯
답을 쏟아낸다—"우리가 열심히 부를 수 있게—
확실한 그대 사랑으로 노래 지어달라!"
—검은 둑에서 움직임 없는 소리가 울려 퍼지자
일곱 바다는 꿈에서 깨어 응답한다.

그리고 밝은 캐리어 바들이[2] 비스듬히 위를 향하고
새로운 옥타브가 거대한 쌍둥이 기둥 지탱하며
달은 기둥 덮은 서리 망토 너머로 잠자는 두 세계를
남긴다 (오 활 모양의 노래 다발이여!)—

수정으로 넘쳐나는 통로 앞과 위로 하얀 폭풍 그물이
줄지어 나아가고, 은빛 주랑(柱廊)과 함께
콧노래 부르는 활대들이, 드높은 비전이,
별을 지휘하는 수호신이 위로 날아오른다.

압운(押韻)에 자극받은 갈매기처럼— 그 눈들은
번득이는 빛의 지느러미에 수직으로 베인 채 내몰려—
철근 날개 위 날개 비상하며 비스듬히 압도하는
우뚝 솟은 거대한 모습 향해 단단히 고정된 경로 취해
— 내일은 지난해로 흘러— 사랑과 죽음의 연기 나는
장작 뚫고 신화적 창(槍)의 초시간적 웃음을
찾는 자 외엔 어떤 여행자도 읽어내지 못한
암호화된 시간의 경전으로 연결된다.

환호처럼, 작별처럼— 행성 조각으로 꾸며놓은 높이까지
몇 조(兆)의 속삭이는 망치들이 희미하게 티레를[3] 드러낸다.
빈틈없이 긴 모루 위로 조금씩 움직이는
영겁 침묵의 외침이 침착하게 트로이를[4] 못 박는다.
그리고 저 높은 곳의 당신— 이아손![5] 명하여 외쳐라!
몰려드는 대기를 조용히 감싸 견인 줄로 매어라!
내닫는 자각, 초월의 부름이 고함치는 아이올로스를[6]
은빛으로 비춘다! 해협에서 부서지며!

펼쳐진 만에서 울리는 가공할 북소리,
팽팽히 잡아둔 높은 항해의 비전—
가장 깊은 한낮 파노라마 정점으로

밤을 들어 올리는 다리— 오 성가대여,
태양과 바다가 늘 힘 합쳐 녹여내어
무수한 음절로 다시 빚어낸 광대한 동사로써
시간을 번역하는 오 성가대여 — 캐세이의 시편이여!
오 사랑이여, 그대 널리 스미는 순백의 패러다임이여···!

우리는 밤에 매달려 부두를 떠났다—
번쩍이는 항구 등불이 용골 뒤로 달아났다.
옥수수 싣고, 시간의 끝자락 여기 태평양에서—
두 눈은 더듬거리며 먼지와 강철의 고통을 뚫는다.
그리고 하늘나라 명상의 확실한 원형 프리즘은[7]
파도를 무릎 꿇는 파도와 계속 엮어
하나의 노래로 경건히 동여낸다—
죽음 없는 현(絃)에서 울려 퍼지는 봄의 합창을!

오 강철의 인식이여, 그대는 도약하여
귀환하는 종달새의 날렵한 경계를 분명하게 만든다.
그 에워싸 잡아맨 흐름 속 여러 쌍의 생명이
하나의 번데기 안에서 노래한다—
그대는 별의 한 땀이자 작열하는 종마(種馬),
그리고 그대는 오르간처럼 운명의 음으로—
사랑이 분명히 방향 잡아 키를 붙들듯
시간의 영역으로부터 시야와 소리와 육체를 이끈다.

오랜 빛의 빠른 울림, 그림자 없는 본질적 신화는
죽음에게 치명적으로 완벽한 상처를 입힌다—

오 우리 혈관의 밝은 용액과 짜임을 통해
강을 목 삼아 무지갯빛으로 떠받들린 자여—
도시들은 눈물로 지탱하면서
빛으로 흔들리는 하얀 절벽들을 부여받고
달콤하게 고뇌하며 수확 속을 맴도는
무르익은 들판과 함께 소리 내어 용서받는다.

영원한 신의 반짝이는 맹세,
오 그대의 찬송가는 시초와 지복을
신선한 화학 작용으로 감싼다—
그대가 하얗게 붙드는 눈부신 케이블 통해
기쁘게도 항상 예언이 솟아오른다.
치솟는 줄들, 은빛으로 이어지는 피라미드 속에서
하얀 날개들 움직이며 합창하며
신성의 젊은 이름이 항상··· 비상한다.

반드시 기억을 비워버려야만 하는 이주(移住),
가슴을 돌로 만드는 발명들— 스스로에게 이르는,
말로 다 할 수 없는 그대 다리여, 오 사랑이여.
그대 이 역사를 용서하소서, 가장 하얀 꽃이여,
오 모든 것의 응답자여— 아네모네여[8]—
이제 그대의 꽃잎이 우리 주위로 광휘를 내뿜는 동안—
(오 그 광재로 나를 사로잡는 그대여) 아틀란티스를 붙드소서—
늦게까지 떠다니는 그대의 노래꾼을 붙드소서!

그리하여 조종(弔鐘) 울리며 무한대 피 흘리는 별로

붉게 물든 창처럼 오르페우스의[9] 현들이,
밀집한 항성들이 시간 너머로 뛰어올라
그대의 영원성 향해 한곳으로 몰려든다—
하나의 노래, 하나의 불의 다리! 그건 캐세이인가,
이제 연민이 풀밭 적시고 무지개는
잎새 사이 독수리로 뱀을 둘러싸는데 ⋯?
하늘빛 흔들림 속 번갈아 노래하는 속삭임들.

주해

1 아틀란티스(Atlantis)는 플라톤이 『티마이오스(*Timaeus*)』와 『크리티아스(*Critias*)』에서 언급한 장소로, 오래전 바닷속으로 가라앉은 섬과 그곳의 도시를 일컫는다. 사라진 땅 아틀란티스는 유럽인들의 상상력에 큰 영향을 주어 신항로 개척이나 신대륙 발견의 동인이 되었을 뿐만 아니라 서구의 문학과 예술 전통 속에 오랫동안 유토피아적 이상형으로 기능해왔다. 크레인은 스펜스(Lewis Spence)의 『미국 속의 아틀란티스(*Atlantis in America*)』를 읽고 미대륙을 아틀란티스의 융기된 일부분으로 상상했으며, 서사시를 통해 거대 대륙의 비전을 되살려 상실된 미국의 꿈을 복원시키길 원했다. 『다리』의 대단원인 이 시에는 시인이 열망하는 근원이자 궁극으로서의 초월적 실재가 잘 그려져 있다.

2 캐리어 바(carrier bar)는 움직이는 물체를 지지하기 위해 사용되는 평평한 금속 막대이다.

3 티레(Tyre)는 고대 페니키아의 대표적 항구 도시로 세계에서 가장 오래된 도시 중 하나이다.

4 트로이(Troy)는 그리스를 주축으로 한 아카이아 연합군과 십 년간 전쟁 끝에 멸망한 도시국가이다. 신들과 영웅들이 대거 등장하는 '트로이 전쟁'은 그리스 신화의 정점으로, 호메로스를 비롯한 많은 그리스 시인들에게 영감의 원천이 되었다.

5 이아손(Jason)은 자신의 왕권을 되찾기 위해 아르고호 원정대를 결성하여 황금 양털을 찾아 나섰던 그리스 신화의 영웅이다.

6   아이올로스(Aeolus)는 바람으로 파도를 달래고 일으키는 비범한 능력을 지녔던 그리스 신화 속 인물이다.
7   프리즈(frieze)는 실내 천장이나 건물 지붕 바로 아래에 벽을 따라 띠 모양으로 두른 장식이다.
8   아네모네(Anemone)는 그리스어로 '바람꽃'이라는 뜻이며, 봄바람이 불기 시작할 때 피었다가 다시 바람에 스러지는 화려하고도 섬세한 꽃이다. 그리스 신화에 따르면 미의 여신 아프로디테가 미소년 아도니스를 사랑하는 것을 질투하던 전쟁의 신 아레스가 아도니스를 사냥터에서 죽게 만들자, 아도니스가 흘린 피와 슬퍼하는 아프로디테의 눈물이 어우러지며 아네모네가 피어났다고 한다.
9   오르페우스(Orpheus)는 그리스 신화에 나오는 최고의 시인이자 음악가이다. 그는 아폴로에게서 배운 리라 연주로 폭풍을 잠재우고 마녀 사이렌들의 노래를 물리쳤다. 오르페우스는 저승의 신 하데스와 그의 아내 페르세포네, 복수의 여신 네메시스까지 눈물 흘리게 만들 정도로 전설적인 연주와 노래 실력을 지녔으며, 아내를 잃은 후 상심하여 여자들의 구혼을 거절하다가 앙심을 품은 여성들에게 갈가리 찢겨 죽게 된다. 사후 그의 리라는 뮤즈들에 의해 하늘로 올라가 거문고자리가 되었다.

해설

「아틀란티스(Atlantis)」는 마지막 시이지만 크레인이 『다리』에서 제일 먼저 쓴 시이자 작품 전체의 집필 의도를 가장 잘 보여주는 시이다. 크레인은 「아틀란티스」에서 현대 기술 공학과 신성, 첨단과 영원성이 조화를 이루는 장엄하면서도 숭고한 비전으로서 브루클린 다리를 제시한다. 브루클린 다리는 기술 공학의 승리이자 낭만적이고도 신비한 비전의 구현물인데, 1연에서 수 마일에 걸쳐 팽팽하게 늘어선 케이블 위로 달빛이 속삭이며 밀려와 "강철선의 텔레파시"를 끌어당긴다거나, 마치 "신을 낳기라도 하듯이" 시와 천상의 음악이 다리를 따라 너울거리며 흐르는 모습이 이를 잘 보여준다. 또한 10연에서 다리의 "찬송가"가 "신선한 화학 작용"을 일으켜 "시초와 지복"을 감싼다던가, 케이블이 만들어내는 은빛의 피라미드 속에서 "예언이 솟아오르고" "신성의 젊은 이름"이 비상하는 모습 등은 과학과 기계 문명 속에 꽃피는 비전과 초월의 가능성을 보여준다.

크레인은 "음악은 조화와 체계 속에서 사랑과 관계 맺는 지식이다"라는 플라톤의 말을 제사로 인용하며 다리를 지속적으로 사랑과 연관시킨다. 그는 6연에서 다리를 "오 사랑이여, 그대 널리 스미는 순백의 패러다임이여!"라고 호명하며 다리에서 사랑과 함께 하나의 원형적 모델을 구하려 한다. 그는 8연에서 다리를 많은 생명체들의 모태인 "번데기"에 비유하고, "귀환하는 종달새"를 통해 음악과 시, 창조력의 원천이자 귀착점으로 제시한다. 다리는 "사랑이 분명히 방향 잡아 키를 붙들듯" "운명의 음으로" 우리의 "시야와 소리와 육체"를 이끌어 "시간의 영역으로부터" 초시간적 영역으로 나가게 해주는 존재로 그려지며, 9연 들어 "그림자 없는 본질적 신화"가 되어 플라톤의 이데아같이 하나의 원형이자 죽음과 시간성을 초월한 존재로 나타난다.

크레인은 초월과 이상을 말하면서도 "눈물로 지탱하는" 도시와 "달콤하게 고뇌하는" 들판이라는 현실을 기록한다. "반드시 기억을 비워버려야만 하는 이주, 가슴을 돌로 만드는 발명들", 즉 사회적 변화와 기술적 진보가 빚어낸 혼란과 인간성 상실을 분명히 언급하는 것이다. 그러나 "먼지와 강철의 고통"이 동반되는 여정은 "하늘나라 명상의 확실한 원형 프리즈"가 파도를 이어 만든 "하나의 노래", 즉 "죽음 없는 현에서 울려 퍼지는 봄의 합창"을 통해 위로받으며, 이 "하나의 노래"는 도약하는 "강철의 인식"으로 발전하여 현상계를 뛰어넘는다.

시인이 여정 끝에 마주하게 되는 다리의 "영원성"은 별을 뚫어 피범벅이 된 창이나 피 흘리며 죽은 오르페우스 이미지와 겹쳐지면서 고통과 죽음의 현실이 영원성과 불가분의 관계임이 드러난다. 이렇듯 치열한 인식은 마지막 연의 "불의 다리"라는 표현에서도 나타나, 「터널」에서처럼 「아틀란티스」에서도 여전히 불을 통한 정화와 갱생이 의미 있는 역설로 기능하고 있음을 보여준다. 또한 마지막 연에는 콜럼버스 탐험의 동기이자 가장 현실적이면서도 이상적인 가치였던 "캐세이"에 대한 질문이 나타나, 크레인이 끝까지 명확한 해결 대신 현실과 이상, 삶과 초월 사이의 긴장과 균형을 유지하고 있음을 보여준다. 마지막 세

행에서 육지와 하늘, 시간과 공간을 상징하는 뱀과 독수리를 함께 제시한다거나 불완전 문장으로 마무리하는 것 등이 바로 이러한 시인의 의도를 드러낸다고 할 것이다.

긴장과 균형 속에서 강렬한 언어로 견인된 「아틀란티스」의 변증법적 비전은 공간적으로 대도시 뉴욕을 미대륙 전체와 사라진 대륙 아틀란티스와의 관계 속에 위치시키고, 시간적으로는 20세기를 신화적 과거, 더 나아가 초월적 시간의 영역으로까지 확대시킨다. 이를 통해 20세기 초 미국의 고통스럽고 모순에 찬 현실은 궁극적인 갱생과 구원을 위한 전제 조건이 된다. 이는 대도시 뉴욕으로 상징되는 현대의 물질문명이 비인간적이고 반생명적인 경험을 안겨주면서도 역설적으로 그 역사적 중압과 왜곡을 벗어나려는 움직임을 배태하기 때문이다. 크레인은 현실에 압도되어 절망과 비관에 매몰되거나 비현실적인 자기 망각과 도취 속에서 현실을 등지지도 않으며 절묘한 균형 속에 그 움직임을 재현한다. 현실과 비전 사이 긴장된 줄타기 속에 강렬한 언어적 밀도와 힘을 통해 재현된 「아틀란티스」는 바로 이 균형을 통해 역사와 모더니티를 강하게 환기시키며 현대 서사시의 또 다른 가능성을 열어놓는다.

작품 해설

하트 크레인과 현대 서사시

하트 크레인(Hart Crane)은 32년이란 짧은 생애를 살았지만 영미권 모더니즘에서 뚜렷한 존재감을 지닌 시인이다. 전성기 모더니즘을 대표하는 엘리엇(T. S. Eliot)이나 파운드(Ezra Pound)가 미국과 유럽을 오가며 세계주의 시학을 구가한 것과는 달리 크레인은 미국의 역사와 문화에 뿌리내린 토착 모더니즘을 대변한다. 그는 당대 모더니스트들의 비관적이고도 절망적인 문명 비판을 넘어 모종의 긍정과 희망을 모색하며, 이는 그가 절망 속에서 구원을 찾고 한 개인을 넘어 전체와 보편을 지향하던 낭만주의 전통을 이어받고 있음을 보여준다. 그가 엘리엇의 『황무지(The Waste Land)』의 비관주의를 비판했던 일화는 그가 어떤 지점에서 주류 모더니즘으로부터 분기되는지를 잘 보여준다. 물론 크레인이 엘리엇이나 파운드 같은 당대 모더니스트들에게서 영향받고 그들과 일정한 주제적, 양식적 공통점을 지니는 것은 사실이다. 그러나 그가 누구보다 휘트먼(Walt Whitman)이나 에머슨(Ralph Waldo Emerson), 셸리(Percy Bysshe Shelley) 같은 낭만주의자들을 사랑하고 그들과 일체감을 느꼈던 시인이었다는 사실은 그의 작품을 이해하는 데 있어 매우 중요하다.

　주류 모더니스트들과 차별된 세계관 외에도 크레인의 독특성을 설명하는 또 다른 요소가 있다면 그것은 바로 그의 언어이다. 그는 의도적으로 문법적 일관성이 없는 불연속적 문장이나 미완성의 문장을 구사하거나(anacoluthon), 단어나 개념, 문법 구조가 역순으로 반복되는 교차대구법을 쓰거나(chiasmus), 기존의 의미와 크게 다른 단어나 구문을 사용함으로써(catachresis) 자신만의 고유한 스타일을 형성하며, 이는 그가 작품의 양이 적음에도 불구하고 영미문학의 정전으로 받아들여지는 이유 중 하나라 할 것이다.

『다리(The Bridge)』는 크레인의 세계관과 언어적 역량이 집약적으로 드러난 대표작일 뿐만 아니라 20세기 현대 서사시를 대표하는 작품이기도 하다. 1927년 9월 12일, 후견인 칸(Otto Kahn)에게 쓴 편지에서 크레인은『다리』가 베르길리우스(Vergilius)의 서사시『아이네이스(Aeneis)』를 모델로 하며, 15편의 시들이 "전체 시의 일부분으로 기능하도록 디자인했다"고 말한다. 그는 또한『다리』를 "서사시 주제에 의한 교향곡"이라고 표현하면서 개별 시들을 협주곡의 매 악장처럼 읽어주기를 요구하기도 한다. 크레인의 이와 같은 발언은『다리』가 독립적인 시들의 묶음이 아니라 하나의 유기적 구성이며, 작품 이해를 위해 무엇보다 고전적 서사시에 기초한 '디자인'에 대한 이해가 필요함을 시사한다.

사실 서사시는 서양 근대의 출발과 함께 사망 선고를 받은 장르였다. 문자 발명 이전부터 창작되고 국가나 공동체의 기원과 중대사를 다뤘던 장르임에도 불구하고, 또 헤겔(G. W. F. Hegel)의 표현대로 구체성과 개별성을 통해 총체성을 다루는 유기적이면서도 전체적인 장르임에도 불구하고, 개별성과 총체성이 분리되지 않던 전근대의 공간이 근대 국가의 성립과 함께 와해되면서 서사시는 사라질 수밖에 없다는 것이 헤겔을 비롯한 비평가들의 대체적 견해였다. 바흐친(Mikhail Bakhtin)도 유사한 입장에서 근대 이후 사회적·언어적 다양성으로 인해 서사시는 종언을 고하며 새롭고도 복합적인 총체성을 제시하는 소설이 그 자리를 대신한다고 말한다. 그러나 서사시는 이들의 진단과는 달리 근대 이후 시대착오적 장르로 도태되기는커녕 다양하고도 왕성한 실험을 거쳐 자본주의 세계 체제를 재현하는 새로운 총체성의 양식으로 거듭 태어났다. 모더니즘의 대표적 작품인 엘리엇의 『황무지』, 파운드의 『칸토스(The Cantos)』, 윌리엄스(William Carlos Williams)의 『패터슨(Paterson)』, 그리고 크레인의 『다리』가 바로 그 예이며, 이들은 산업화와 도시화, 다양한 민중 운동과 계급 투쟁, 미증유의 과학과 기술의 발전, 자본주의 팽창과 세계대전이라는 20세기 대규모의 변화와 혼란을 서사시 형식에 담아낸다.

모더니스트들은 자본주의가 하나의 '세계 체제'가 되어버린 20세기 초, 자본주의 세계 체제를 반영하면서도 그 이데올로기를 내부로부터 전복시키는 장르로서 서사시를 채택한다. 이들은 통시적인 것을 공시적인 것으로, 역사를 공간으로 대체하며, 전통 서사시에서 찾을 수 있는 승리의 역사나 시작·중간·결말로 이어지는 완성된 플롯 대신 어떠한 목적론이나 대단원도 보여주지 않는 미확정적이고도 유동적인 형식을 탄생시킨다. 새로운 서사시에서는 전통 서사시의 영웅적 행위가 아니라 한 개인의 의식, 욕망, 상상, 꿈 등이 중심이 되며, 행동하는 영웅주의가 사라짐으로 인해 플롯은 약화되지만 자아의 내면을 통해 새로운 총체성이 드러나게 된다. 또한 현대 서사시는 예술, 종교, 과학을 포괄하고, 문학, 음악, 회화를 아우르며, 내러티브, 드라마, 서정시를 통합하면서 내용뿐만 아니라 형식 자체에 있어서도 새로운 총체성을 구현한다.

크레인의 『다리』는 현대 서사시의 특징을 고스란히 보여주는 전형적 작품이며, 크게 세 가지 층위, 즉 역사·사회적 층위, 신화적 층위, 심리적 층위를 통해 작품의 의미를 형성하고 서사를 구성한다. 우선 역사·사회적 층위는 텍스트에 구현된 사회 현실 혹은 역사적 과거나 현재를 의미하는데, 이는 『다리』에서 미대륙과 전 세계를 횡단·종단하는 대규모 지리적 이동을 통해 구체화된다. 1장 「아베마리아」가 유럽과 신대륙 간 콜럼버스의 여정을 보여준다면, 2장의 「강」은 급행열차의 미대륙 횡단과 미시시피강을 따라가는 내륙 종단의 여정을 다룬다. 지리적 이동은 사회적 이동을 동반하여, 2장의 「인디애나」에서는 1859년 콜로라도 골드러시 당시 미국 서부로의 대규모 인구 이동이 그려진다. 또한 제국주의의 산물인 19세기 쾌속 범선 커티 사크호가 중국에서 영국으로 차(茶)를 운반하는 모습이 3장 「커티 사크」에 등장하기도 한다. 작게는 브루클린 다리 위에서의 움직임으로부터 시작하여 도시와 주(州), 국가, 대륙 간 이동으로 확대되는 『다리』의 공간적 팽창은 20세기 전반부 미국에서 일어난 대규모 경제적 변화를 반영하는데, 이 시기 미국은 중공업의 기초를 갖추고 전국적 장거리 유통망을 완비하며 거대 자본에 의한 시장 재편을 이루면서 확대 자본주의의 새 국면으로 진입하고 있었다. 『다리』에 재현된 20세기 초 미국은 지리적 광대함과 이질적이면서도 다양한 인종, 언어, 관습이 공존하는 다성성의 공간이자 헤겔이 지적한 대로 자본주의 체제의 무한 팽창력이 가시화된 공간이다. 크레인에게 있어 미국은 단순한 국가가 아니라 하나의 확대된 세계이자 이질적이고 복합적이며 지속적으로 증식하는 공간으로서 총체적 장르를 통한 재현의 욕구를 불러일으키는 대상이다. 그런 의미에서 『다리』는 20세기 초 미국 사회의 구조, 제도, 체제를 직·간접적으로 반영하며 역사를 재현하려는 서사시 욕망에 충실하다. 거대 도시 뉴욕을 심층적으로 파고드는 「터널」, 산업 사회 기술과 기계문명, 비인간적 전쟁을 비판적으로 제시하는 「해터러스곶」, 현대 사회 관음증적 쾌락 구조와 엔터테인먼트 산업을 묘사한 「내셔널 윈터 가든」 등 『다리』의 모든 시는 현대 자본주의의 핵심적 속성과 특징을 지시한다는 점에서 역사적 리얼리티를 적극적으로 반영한다. 하지만 이 반영은 투명하게 이뤄지는 것이 아니라 작품 속의 신화적 층위에 의해 매개된다.

크레인은 『다리』가 미국의 공식적 역사를 거부하고 연대기적 시각을 배제한 "새로운 미국의 신화"라고 말한다. 그는 같은 모더니스트인 파운드나 엘리엇이 다양한 시대와 문화를 뒤섞으며 다채롭게 신화적 층위를 형성하는 것과는 달리 미국의 기원과 연관된 신화를 비교적 일관되고 깊이 있게 전개한다. 그는 사라진 대륙 아틀란티스의 전설을 20세기 초 미국에 겹쳐놓는다거나 뉴욕 맨해튼에 포카혼타스나 립 반 윙클 같은 건국 이전의 인물들을 등장시키는 것과 같이 신화를 통해 역사를 상징적으로 처리하거나 신화적 과거와 현재를 결합시키는 방식을 사용한다. 신화적 층위는 역사적 층위에서의 무질서, 부조화, 불투명성, 불협화음에 의미를 부여하는 동시에 신화와 역사 간 끊임없는 갈등과 아이러니를 유발한다. 대표적 예가 「아베마리아」에 등장하는 콜럼버스의 신화이다. 콜럼버스는 고난을 뚫고 신대륙을 발견하는 탐험가이자 과거와 현재를 넘나들며 자신의 여정을 반추하고 기록하는 자, 두려움과 실패를 극복하며 미래와 희망을 여는 비전의 소유자로 그려지는데, 그의 여정은 대규모 지리적 이동이라는 『다리』의 주된 움직임뿐만 아니라 후반부로 갈수록 시인의 비전과 언어의 발견에 초점이 맞춰지는 『다리』 전체의 흐름을 압축적으로 보여줌으로써 방만한 작품에 질서와 주제적 일관성을 부여한다. 그러나 한편으로 「아베마리아」에서 비전에 찬 탐험가가 직면했던 것이 폭풍우 치는 험로와 냉대와 배신의 현실이었고, 콜럼버스가 다시 소환되는 「아틀란티스」에서도 초월적 비전이 피 흘리는 현실과 함께한다는 점에서 콜럼버스 신화는 현실과 대척점에서 지속적으로 갈등과 아이러니를 양산한다.

신화적 층위의 이중적 기능이 드러난 또 다른 예로 포카혼타스를 들 수 있는데, 콜럼버스와 마찬가지로 포카혼타스는 신화가 부재한 미국에서 시인에 의해 새롭게 창조된 미국적 신화이며, 작품을 통해 광대한 미대륙의 풍요로움을 상징하는 대지의 여신으로 형상화된다. 특히 2장 다섯 편의 시는 포카혼타스를 의미하는 "포우하탄의 딸"이라는 제목으로 묶여 있는데, 여기에서 포카혼타스는 20세기 초 맨해튼 항구의 부산한 움직임과 기계 소음 속에 에로틱한 욕망의 대상으로 재현되거나, 산업사회 희생양인 떠돌이 무직자나 일용직 노동자들의 소외되고 파괴된 삶 속에 풍부하고 활력 넘치는 대지로서 홀연히 등장하기도 한다. 또한 「춤」에서는 겨울을 지나 봄을 부르고 싹을 틔우는 삶과 죽음의 순환을 상징하면서 인디언 대학살이란 역사적 희생을 넘어서는 자연과 시간의 놀라운 복원력을 보여준다. 이렇게 2장 "포우하탄의 딸"에서 분열과 파괴, 소외, 죽음에 맞서는 소생의 힘이자 생명의 원천으로 형상화된 포카혼타스 신화는 『다리』 전편에 걸쳐 활력과 부활, 희망의 메시지를 전하며 절망적 현대세계에 회복과 구원의 가능성을 제시한다. 그러나 자본주의 체제의 공고한 지배력과 물신화, 비인간화가 집중적으로 그려지는 후반부로 갈수록 포카혼타스 신화는 힘을 잃게 되고, 급기야 5장 "세 편의 노래"에 이르면 성적 타락이 지배하는 물화된 자본주의 사회 속에서 아이러니로 다뤄지게 된다. 5장 첫 번째 시 「남십자성」에서 여성은 신성을 박탈당한 채 유인원으로 격하되거나 신화적 배경을 상실한 존재로 탈신비화된다. 마찬가지로 「내셔널 윈터 가든」에서는 자본주의 사회의 소비재로서 상품화된 여성이 나타나 포카혼타스 신화의 타락한 현주소를 보여준다.

타락한 현실이 과거의 신화를 해체하고 그로 인해 다시 한 번 현실의 모순을 비판하게 만드는 부메랑과 같은 신화 사용은 『다리』 후반부에 두드러지는데, 특히 「터널」은 고전적 서사시 『아이네이스』, 『오디세이아(Odysseia)』, 『신곡(La Divina Commedia)』에서의 지하 세계나 연옥을 현대 뉴욕 지하철과 겹쳐놓으면서 신화적 과거와 타락한 현재 사이의 대조를 생생하게 보여준다. 고전에서의 지하 세계 여행이 산 자와 죽은 자 간의 관계를 성립시키고 특히 죽은 자가 전달하는 교훈과 예언이 산 자에게 긍정적 효과를 발휘하는 것에 비해, 기계의 굉음으로 가득한 뉴욕의 지하철에서는 어떤 교훈도 기대할 수 없을 뿐만 아니라 소외되고 위축된 익명의 승객들은 어떤 의미 있는 관계도 맺을 수 없는 생중사(生中死)의 모습을 보여준다. 이러한 현실과 신화의 충돌은 마지막 시 「아틀란티스」에서 사라진 대륙 아틀란티스 전설을 통해 미국이 처한 딜레마, 즉 미국이 의미 있는 신화적 공간으로 재탄생할 것인지 아니면 파괴와 몰락 속에 마치 아틀란티스처럼 역사 밖으로 사라질 것인지에 대한 문제의식으로 발전한다. 그리고 이에 답하는 과정에서 나타나는 것이 크레인 특유의 초월적 비전이자 그 비전을 둘러싼 심리적 층위이다.

현대 서사시에서의 심리적 층위는 주로 화자 '나(I)'를 통해 매개되며, 이 일인칭 화자는 자전적 요소와 특수한 심리를 결합하여 역사·사회적 층위와 신화적 층위에 개입한다. 『다리』 역시 일인칭 화자의 회상이나 욕망, 꿈과 상상이 기존의 플롯이나 인물을 대신하고 화자의 의식과 무의식을 매개로 역사·사회적 층위, 신화적 층위가 드러나는 형식을 취한다. 이와 함께 『다리』에는 다양한 심리적 일탈과 선회 속에 초월적 비전이 나타났다가 사라지는 특유의 패턴이 나타나는데, 이를 잘 보여주는 것이 마지막 시 「아틀란티스」이다. 이 시의 주된 재현 대상인 브루클린 다리는 시인의 비전이 반복적으로 나타남에 따라 현대 공학이 빚어낸 철골 구조물에서 점차 빛과 소리, 움직임으로 변하다가 마침내 하얗고 눈부신 케이블 사이에 예언과 신성의 비전이 솟아나는 악기이자 노래 자체가 된다. 크레인은 브루클린 다리를 현상계와 이데아 사이에 위치시켜 어떻게 현대 문명과 낭만적 비전이 결합할 수 있는지를 보여주며, 연관성이나 결합, 종합을 의미하는 다양한 단어들을 사용하여 비전의 보편성과 전체성을 강조한다.

크레인의 비전은 초월적, 선험적 영역을 상정함으로써 인간의 역사에 보편적 진리 가능성을 제시하고, 모든 지배직·도구적 사고와 거리를 둔 자기 목적으로서의 인간 정신을 찬양한다. 또한 시 전체를 통해 비전이 나타났다 사라지는 반복적 움직임을 만듦으로써 일차적으로 현대 사회의 타락과 소외, 의미의 부재, 정신적·영적 가치의 소멸과 종언을 드러내고, 이차적으로는 초월적 비전이 언어적, 심리적 변화를 일으키며 점진적으로 현실 속에 스며 들어가는 양상을 재현한다. 즉 『다리』는 지속적으로 패배하면서도 항상 새롭게 갱생하는 시인의 비전을 통해 타락한 역사와 파괴된 현대 세계에 긍정과 희망의 가능성을 모색하는 서사시라 볼 수 있다. 물론 크레인은 현대 세계의 중압적 현실을 모르지 않을뿐더러 초월적 가치나 진리가 언어적 구조물을 넘어 실재하거나 실현 가능한 것이라고도 생각하지 않는다. 그렇지만 그는 총체성을 재현하려는 새로운 현대의 서사시가 긍정에 대한 희구나 보편적 진리와 맞닿으려는 욕망을 포함하지 않을 수 없다고 믿는다. 크레인은 분열과 갈등과 파행의 역사 속에서도 보편적 진리와 맞닿는 초월적 비전의 순간을 제시하며, 이 비전을 통해 끊임없이 역사를 새롭게 하려는 움직임을 『다리』 전편을 통해 이어간다. 이는 크레인이 모순으로 가득한 현대 세계를 수용하고 모종의 희망과 긍정의 길을 열어놓음으로써 한 시대와 문화의 중심축을 제공하는 서사시의 전통적 기능을 되살리고 있음을 의미한다. 이런 측면에서 『다리』는 서사시에 새로운 생명력과 활력을 불어넣는 다양한 시적 모색 중 하나로서 그 문학사적 의미를 획득한다.

크레인의 서사시는 문학이 단순 모방이 아니라 그 자체로 생성적 힘을 지닌 적극적 창조 행위라는 낭만주의 시학 속에서 잉태되고, 암흑적 현실이 가능케 하는 초월적 비전의 전개 속에서 완성된다. 그의 시는 모더니티를 기입하면서도 이를 부정하고, 또 그 부정을 통해 초월과 변화를 모색하는 역설 위에 존재하며, 현대 세계에 대한 입체적인 인식과 현실에 대한 다면적이고도 전방위적인 이해 가능성을 열어놓는다는 점에서 단순한 낙관이나 일면적 해결을 넘어선다. 이런 면에서 크레인의 『다리』는 독특하고도 새롭게 표현된 모더니티의 재현이라 할 것이며, 바로 이런 이유로 오늘날 우리에게 여전히 유효하면서도 의미 있는 작품으로 다가오는 것이다.

하트 크레인 연보

1899년 7월 21일 미국 오하이오주 개럿츠빌(Garrettsville, Ohio) 에서 클래런스 아서 크레인(Clarence Arthur Crane)과 그 레이스 에드나 하트(Grace Edna Hart) 사이에 외아들로 태어났다. 출생 시 이름은 해럴드 하트 크레인(Harold Hart Crane). 아버지는 캔디나 초콜릿 등을 제조하고 판매하는 성공적인 식품 사업가였다.

1903년 아버지가 단풍 시럽 통조림 공장을 세운 오하이오주 워런(Warren)으로 이사했다.

1908년 아버지의 사업이 번창하여 오하이오주 클리브랜드(Cleveland)로 이사했으며, 유복한 환경에서 유년기와 청소년기를 보냈다.

1914년 클리브랜드의 이스트 고등학교(East High School)에 입학했다. 이해 7월 28일, 1차세계대전이 발발하였다.

1916년 이스트 고등학교를 중퇴하고 부모님에게 컬럼비아 대학(Columbia University)에 입학하기로 약속한 뒤 뉴욕시로 떠났다. 그러나 진학 대신 뉴욕 예술가들과 친분을 쌓으며 창작에 몰두했다. 첫 출판 시, 「C33」이 『브루노 위클리(Bruno's Weekly)』에 실렸다.

1917년 부모가 이혼하고, 이때부터 어머니의 성 '하트'를 자신의 이름으로 쓰기 시작했다. 군에 입대하려 했지만 미성년자라는 이유로 거부당했다. 이해 4월 6일, 미국이 1차세계대전에 참전하였고, 1918년 11월 11일에 종전하기까지 1년 7개월간 전시 상황이 지속되었다.

1923년 1917년부터 6년간 뉴욕과 클리브랜드를 오가며 여러 직업을 전전하다가 최종적으로 뉴욕에 정착했다. 2월에 『다리(The Bridge)』를 최초로 구상하고 집필하기 시작했다. 에밀 오퍼(Emil Opffer)를 만나 사랑에 빠졌다.

1926년 1917년부터 창작한 시들을 모아 최초의 시집 『하얀 건물들(White Buildings)』을 출판했다. 이 시집에 수록된 「파우스트와 헬렌의 결혼을 위하여(For the Marriage of Faustus and Helen)」나 「항해(Voyages)」는 세계대전의 절망과 비관주의를 뛰어넘는 낙관성과 사랑과 미에 대한 찬미를 특징으로 한다. 오토 칸(Otto H. Kahn)이 『다리』 집필을 후원하기 시작했다.

1928년 외할머니 사망 후 유산을 받아 유럽으로 떠나 영국과 프랑스를 차례로 방문했다.

1929년 출판인 해리 크로즈비(Harry Crosby)가 프랑스 북부의 별장을 빌려주어 그곳에서 창작에 매진한 후, 미국으로 귀국하여 『다리』를 최종 완성했다. 이해 10월, 미국 월스트리트 주식 시장이 폭락하면서 십여 년에 걸친 세계 대공황이 시작되었다.

1930년 시집 『다리』가 프랑스 출판사 '블랙 선(Black Sun Press)'에서 1월에, 미국의 출판사 '보니 앤 리버라이트(Boni & Liveright)'에서 4월에 각각 출판되었다.

1931년 친구인 작가 맬컴 카울리(Malcolm Cowley)가 그의 아내 페기 베어드(Peggy Baird)와 이혼하자 그녀와 사귀기 시작했다. 구겐하임 펠로십(Guggenheim Fellowship)을 받아 1932년까지 멕시코에서 체류했다.

1932년 마지막 시 「부서진 탑(The Broken Tower)」을 완성했다. 4월 27일, 페기 베어드와 함께 멕시코에서 미국으로 돌아오던 중 술에 취한 상태로 여객선에서 뛰어내려 멕시코만에서 실종되었다. 사체는 영영 발견되지 않았다. 사후 6월에 「부서진 탑」이 출판되었다.

옮긴이의 말

25년 전 『다리』를 처음 읽으며 매혹과 당혹이 교차하던 그 독특한 느낌을 아직도 난 생생히 기억한다. 촘촘한 언어적 밀도, 수수께끼 같은 비유와 표현들, 치열한 갈구와 환멸과 깨달음의 서사, 거대하고 혼종적이며 복합적인 세계의 모습, 그 모든 것이 나에게는 적지 않은 자극이자 도전이었고 한편으론 거부할 수 없는 매력이기도 했다. 그 체험 때문이었을까, 나는 세월이 흘러도 여전히 『다리』를 읽고, 연구하고, 가르치고 있었다. 그런데 희한한 것은 그렇게 오랜 시간 품고 있으면서도 막상 이 작품을 번역할 엄두는 내지 못했다는 것이다. 이는 물론 작품이 어려워서이기도 했지만 무엇보다 이 난해한 텍스트를 옮기는 과정에서 그 매력을 잃어버릴까 두려웠기 때문이었다. 시인이 작정하고 겹겹이 숨겨놓은 비밀의 기호들을 풀어내는 순간 그 복합적이고도 신비로운 언어가 어색하거나 밋밋한 번역물로 변하지 않을까 불안해서였다.

이런 두려움과 불안을 떨치고 번역을 시작하게 된 것에는 무엇보다 미행 출판사 박미, 김성호 대표의 의지가 한몫했다. 순수문학에 대한 이들의 사랑과 열정은 주저함 없이 도전하고 창조하던 크레인의 영혼과 그의 치열한 삶을 떠올리게 했다. 그렇게 미행의 격려와 지원에 힘입어 번역이 시작되었고, 『다리』와 함께 작년, 그리고 올해가 빠르게 흘러갔다. 번역의 시간은 때에 따라 뜨겁고 문득 얼음처럼 차갑다가도 다시 불타오르는 롤러코스터 같았다. 그러나 그 널뛰는 시간 속에서도 크레인은 새로운 이해와 발견의 기쁨을 주며 매일매일 더 가까이 다가왔다. 외로운 노동임에도 불구하고 전혀 외롭다고 느끼지 않았던 이유가 거기에 있었다.

이제 번역을 마무리하면서 이 책이 독자와 새로운 세계를 이어주는 '다리'가 되었으면 하는 바람이 인다. 그러나 이 바람마저 내려놓고 독자에게 온전히 시집을 내맡기는 것 외에 지금 어떤 것이 더 필요하랴. 의미의 완성은 결국 독자에게 달려 있다는 자명한 사실을 새삼 되뇌인다. 이렇게 『다리』를 떠나보낸 후 얼마간 훗훗하고 아쉬운 시간이 흐를 것 같다⋯.

그간 모든 과정을 묵묵히 지켜봐준 가족에게 마지막으로 깊은 고마움 전한다.

2024년 9월
못골에서

미행에서 만든 책들

1	소설	마르셀 프루스트	최미경	쾌락과 나날
2	시	조르주 바타유	권지현	아르캉젤리크
3	소설	유리 올레샤	김성일	리옴빠
4	시	월리스 스티븐스	정하연	하모니엄
5	소설	나카지마 아쓰시	박은정	빛과 바람과 꿈
6	시	요제프 어틸러	진경애	너무 아프다
7	시	플로르벨라 이스팡카	김지은	누구의 것도 아닌 나
8	소설	카트린 퀴세	권지현	데이비드 호크니의 인생
9	르포	스티그 다게르만	이유진	독일의 가을
10	동화	거트루드 스타인	신혜빈	세상은 둥글다
11	산문	미시마 유키오	강방화·손정임	문장독본
12	소설	마르셀 프루스트	최미경	익명의 발신인
13	시	E. E. 커밍스	송혜리	내 심장이 항상 열려 있기를
14	시	E. E. 커밍스	송혜리	세상이 더 푸르러진다면
15	산문	데라야마 슈지	손정임	가출 예찬
16	칼럼	에릭 사티	박윤신	사티 에릭 사티
17	산문	뤽 다르덴	조은미	인간의 일에 대하여
18	르포	존 스타인벡·로버트 카파	허승철	러시아 저널
19	소설	윌리엄 포크너	신혜빈	나이츠 갬빗
20	산문	미시마 유키오	손정임·강방화	소설독본
21	소설	조르주 로덴바흐	임민지	죽음의 도시 브뤼주
22	시	프랭크 오하라	송혜리	점심 시집
23	산문	브론테 자매	김자영·이수진	벨기에 에세이
24	소설	뱅자맹 콩스탕	이수진	아돌프 / 세실
25	산문	안드레이 플라토노프	윤영순	전쟁 산문
26	소설	안토니 포고렐스키 외	김경준	난 지금 잠에서 깼다
27	소설	모리 오가이	전양주	청년
28	소설	알베르틴 사라쟁	이수진	복사뼈
29	산문	페르난두 페소아	김지은	이명의 탄생
30	산문	가타야마 히로코	손정임	등화절
31	산문	고바야시 히데오	유은경·이재창	비평가의 책 읽기
32	소설	조르주 바타유	유기환	마담 에드와르다 / 나의 어머니 / 시체
33	시론	라헬 베스팔로프	이세진	일리아스에 대하여
34	시	하트 크레인	손혜숙	다리

한국 문학

1	시	김성호		로로
2	시	유기환		당신이 꽃 옆에 서기 전에는

하트 크레인(Hart Crane, 1899-1932)은 미국의 대표적 모더니즘 시인으로 1899년 7월 21일, 미국 오하이오주 개럿츠빌에서 태어났다. 그는 열일곱 살에 뉴욕시로 이주한 후 자유분방한 삶 속에서 예술가들과 어울리며 창작에 몰두했다. 그는 테이트(Allen Tate), 윈터스(Yvor Winters), 투머(Jean Toomer) 같은 시인들, 프랭크(Waldo Frank), 카울리(Malcolm Cowley) 같은 비평가들과 교류했고, 당대 주요 문예지인 『다이얼(The Dial)』, 『리틀 리뷰(The Little Review)』, 『일곱 가지 예술(Seven Arts)』, 『시(Poetry)』 등에 기고하였다. 그가 1926년에 출판한 최초의 시집 『하얀 건물들(White Buildings)』은 수수께끼 같은 이미지와 다의적인 언어를 특징으로 하며, 수록된 「파우스트와 헬렌의 결혼을 위하여(For the Marriage of Faustus and Helen)」나 「항해(Voyages)」는 사랑과 미를 찬미하며 세계대전의 절망과 비관주의를 넘어서는 낙관성을 보여준다.

그는 당대 문단의 총아였던 엘리엇의 『황무지(The Waste Land)』가 "영적으로 죽은" 시라고 비판하며 1930년, 서사시 『다리(The Bridge)』를 출판한다. 『다리』는 비인간적 기계문명과 냉혹한 상업주의마저도 아우르며 소외와 분열의 현대세계에서 희망과 긍정을 모색하는 미국적 서사시이다. 크레인은 이 작품에서 현대세계의 다양한 경험들을 포괄하면서도 변형력 있는 비전을 추구하며, 세계와 화해하고 세계를 넘어서는 초월의 순간을 생생히 재현한다. 『다리』는 모더니티를 고전적 형식 속에 낭만주의적 비전으로 해석한 미국 모더니즘의 수작(秀作)으로 평가된다.

『다리』의 완성에 힘입어 크레인은 1931년 구겐하임 펠로십을 수상한 뒤 1932년까지 멕시코에서 체류하며 또 다른 서사시를 구상한다. 그러나 1932년 4월 27일, 멕시코에서 미국으로 돌아오던 중 술에 취해 여객선에서 뛰어내려 멕시코만에서 실종되었고 사체는 영영 발견되지 않았다. 그해 6월에 마지막 시 「부서진 탑(The Broken Tower)」이 출판되었다.

옮긴이 손혜숙은 서울대학교 영어영문학과를 졸업하고 미국 매사추세츠 대학에서 박사학위를 받았다. 현재 성균관대학교 영어영문학과 교수로 재직 중이며 미국시를 폭넓게 연구하고 있다. 지은 책으로는 *Alterity and the Lyric: Heidegger, Levinas, and Emily Dickinson*(타자성과 서정성: 하이데거, 레비나스, 그리고 에밀리 디킨슨), *Literature and Spirituality in the English-speaking World*(영어권 세계의 문학과 영성) 등이 있고, 옮긴 책으로는 『가지 않은 길―미국 대표시선』, 『바디』 등이 있다.

다리

하트 크레인
손혜숙 옮김·해제

초판 1쇄 발행 2025년 6월 20일

펴낸곳 미행
출판등록 제2020-000047호
전화 070-4045-7249
메일 mihaenghouse@gmail.com
인쇄 제책 영신사

ISBN 979-11-92004-29-7 03840